# Mit 24 kurzen Geschichten durch den Advent

## Mit Impulsfragen und motivierenden Mini-Aktionen für die Grundschule

Verlag an der Ruhr

# Impressum

**Titel**
Mit 24 kurzen Geschichten durch den Advent -
*Mit Impulsfragen und motivierenden Mini–Aktionen für die Grundschule*

**Autorin**
Petra Bartoli y Eckert

**Umschlagmotiv und Motive im Innenteil**
Illustrationen, gelber Stern © Petra Lefin, Schneeflocken © Anja Boretzki, Weihnachtskugel © Verlag an der Ruhr

**Druck**
mediaprint solutions GmbH, Paderborn, DE

**Geeignet für die Klassen 1–4**


**ISBN 978-3-8346-4171-7**

# Inhalt



## 24 GESCHICHTEN ZUM ADVENT

# Vorwort

Advent ist die Zeit des Wartens auf Weihnachten. Diese Wochen können Sie den Kindern in den Grundschulklassen in ganz besonderer Weise mit Geschichten verkürzen. Gerade neben aller Hektik zum Jahresabschluss sorgt ein Vorleseritual im Morgenkreis oder zum Tagesabschluss dafür, dass die Schülerinnen und Schüler zur Ruhe kommen und das Thema Advent mit all seinen Facetten und seiner eigentlichen Bedeutung für einige Augenblicke in den Mittelpunkt rückt.

Selbst Schülerinnen und Schüler, die einer anderen Religion angehören, werden Sie mit einem adventlichen Vorleseritual ansprechen. Denn Vorlesen in der Klasse vermittelt Geborgenheit und Gemeinschaft und spricht die sozialen Grundbedürfnisse aller Kinder an.

Mit den folgenden Vorlesegeschichten – mal lustig, mal nachdenklich stimmend, mal zum Weiterüberlegen – ermöglichen Sie den Schülerinnen und Schülern, sich auf Weihnachten einzustimmen und ein bisschen von der magischen Atmosphäre dieser Wochen ins Klassenzimmer zu holen.

Zudem bieten die Geschichten wunderbare Gesprächsanlässe über soziale und kulturelle Themen – angelehnt an die Lebenswirklichkeit von Grundschulkindern und passend zur Vorweihnachtszeit. Greifen Sie also die Themen auf und sprechen Sie in der Klasse gemeinsam über Helfen, Schenken, Wünsche, Streit und Versöhnung, das Finden von Kompromissen, Bräuche und Rituale in verschiedenen Kulturen und individuell in jeder Familie.

Ich wünsche Ihnen 24 besondere Vorlesemomente.

Ihre
*Petra Bartoli y Eckert*

# Hinweise zur Umsetzung

Für jede Geschichte sollten Sie etwa **drei Minuten zum Vorlesen, einige Minuten zum Nachbesprechen** und etwa **fünf Minuten für eine Mini-Aktion** einplanen.

Zu jeder Geschichte gibt es **Fragen** zum Inhalt des Textes und Transferfragen. So setzt sich die Klasse noch einmal mit der Geschichte – allgemein und ganz persönlich – auseinander.
Anschließend werden die Schülerinnen und Schüler zu einer kleinen **Mini-Aktion** eingeladen. Passend zur Geschichte, gibt es hier beispielsweise ein Spiel, ein Rätsel oder ein Lied. Dadurch runden Sie die Geschichte ab und schaffen einen Mehrwert, auf den Sie auch im Rahmen Ihres Unterrichts zurückgreifen können.

Wenn Sie etwas mehr Zeit zur Verfügung haben, können Sie sich mit den Schülerinnen und Schülern natürlich auch noch intensiver mit dem Inhalt der Geschichte auseinandersetzen. Hier einige Anregungen:

- Bitten Sie die Kinder, das Kollegium, die Schulleitung oder andere Personen zum Kernthema der Geschichte zu **interviewen**.
  Entwickeln Sie dazu im Vorfeld gemeinsam passende Fragen, z. B.: *Wie feiern Sie Weihnachten? Was werden Sie zu Weihnachten verschenken? Wann haben Sie schon einmal geholfen?*
  Die gesammelten Ergebnisse werden auf einem Plakat zusammengetragen und in der Klasse ausgestellt.

- Führen Sie eine **Weihnachtsaktion** mit den Kindern durch. Dazu üben Sie z. B. ein Lied ein oder basteln Weihnachtsschmuck. Damit machen Sie dann beispielsweise älteren Menschen in einem benachbarten Seniorenheim eine Freude.

- Holen Sie Weihnachten und dessen wahre Bedeutung in Ihr Klassenzimmer: Dazu stellen Sie einen echten **Weihnachtsbaum** im Klassenzimmer auf.

# Hinweise zur Umsetzung

Nach dem Vorlesen der Geschichte am Morgen nehmen Sie sich mit den Kindern Zeit, um täglich individuellen Weihnachtsschmuck für den Baum herzustellen. Dazu beschriften die Kinder z. B. goldene Sterne mit ihren guten Taten, mit netten Wünschen für andere Menschen oder Komplimenten für Mitschülerinnen und Mitschüler.

Egal ob als kurzes Ritual, als kleine Besonderheit in Vertretungsstunden oder als Teil eines größeren Weihnachtsprojekts – lassen Sie sich gemeinsam mit Ihren Schülerinnen und Schülern von den folgenden kleinen Geschichten durch den Advent begleiten.

# 24 Geschichten

## zum Advent

# Weihnachtsplätzchen, die Freude machen

Lina, Max und Ella singen gemeinsam im Kinderchor. Im Advent machen sie jedes Jahr etwas ganz Besonderes: Sie treten im Seniorenheim auf. Dort singen sie viele Weihnachtslieder, um den alten Menschen eine Freude zu machen.
Dieses Jahr hat Frau Weißbaum, die Chorleiterin, eine tolle Idee: „Wir könnten vorher Plätzchen backen. Die verteilen wir dann nach unseren Liedern."
Max, Lina, Ella und die anderen sind begeistert.

Eine Woche später treffen sich die Kinder vom Chor zu Hause bei Frau Weißbaum. Auf dem Tisch in der Küche stehen schon alle Zutaten bereit. Kaum hat Ella Jacke und Stiefel ausgezogen, greift sie auch schon nach der Mehltüte.
„He, erst Hände waschen!", lacht Frau Weißbaum.
Doch dann können sie endlich loslegen. Lina wiegt alle Zutaten ab.
Max knetet den Teig.
„Pfoten weg!", ruft er, als Ella etwas Teig zum Naschen stibitzen will.
Frau Weißbaum zieht ein Nudelholz aus einer Küchenschublade. Beim

Teigausrollen dürfen sich alle Kinder abwechseln. Als der Teig platt und rund auf dem Tisch liegt, schlägt Frau Weißbaum sich eine Hand an die Stirn. „Ach ja, die Ausstechformen!"
Hektisch wühlt sie in mehreren Schubladen herum.
„Das gibt es doch nicht", murmelt sie dabei immer wieder.
Schließlich zieht sie drei kleine Blechformen heraus und hält sie hoch.
„Ich habe leider nur die hier", sagt Frau Weißbaum entschuldigend.
Sie legt ein Hufeisen, einen Schmetterling und eine Blume auf den Tisch.
„Aber die passen ja gar nicht zu Weihnachten." Ella schüttelt den Kopf.
Frau Weißbaum zuckt mit den Schultern. Plötzlich klatscht Lina in die Hände. Dabei verteilt sie eine kleine Mehlwolke in der Küche.
„Ich hab's!", ruft sie.
Alle sehen sie gespannt an.
„Wir können die fertigen Plätzchen doch später so verzieren, dass sie trotzdem weihnachtlich aussehen", sagt Lina und grinst.
Max ist sofort begeistert: „Stimmt! Auf die Blumenkekse malen wir nachher einfach in die Mitte einen Stern mit Zuckerschrift."
„Genau, und aus dem Schmetterling machen wir einen Weihnachtsengel", sagt Lina.
„Und das Hufeisen? Wie soll das bitte zu Weihnachten passen?", will Ella wissen.
Max findet, dass das kein Problem ist. „Wir kleben Zuckersterne darauf. Dann sagen wir ‚Viel Glück und frohe Weihachten', wenn wir sie verteilen."
Jetzt ist auch Ella einverstanden. Ruckzuck sind die ungewöhnlichen Weihnachtskekse ausgestochen und fertig gebacken. Beim Verzieren geben sich die Kinder vom Kinderchor ganz besondere Mühe. Alle sind gespannt, wie den Seniorinnen und Senioren die Plätzchen wohl gefallen werden.

Zwei Tage später ist es endlich so weit. Der Kinderchor singt im Seniorenheim. Das Publikum ist begeistert. Und als Lina, Max, Ella und die anderen am Schluss die selbst gebackenen Plätzchen verteilen, zaubern sie damit allen Leuten ein Lächeln ins Gesicht.
„Siehst du: Unsere besonderen Weihnachtsplätzchen machen glücklich!", flüstert Lina Ella ins Ohr.

# 1. Weihnachtsplätzchen, die Freude machen

## FRAGEN ZUM NACH- UND WEITERDENKEN

- Ella findet, Hufeisen oder Schmetterlinge passen nicht zu Weihnachten. Welche Plätzchenformen passen stattdessen zu Weihnachten?
- Hast du schon einmal Plätzchen gebacken? Welche?
- Ella, Lina und Max singen im Seniorenheim. Wie kann man in der Adventszeit jemandem noch eine Freude machen?

## MINI-AKTION „PLÄTZCHEN-BACK-MASSAGE"

Gebt euch gegenseitig eine „Plätzchen-Back-Massage". Dazu dreht ihr euch zur Seite. Jetzt ist vor euch der Rücken von eurem Nebenkind. Darauf macht ihr nun kleine Massagebewegungen:

Erst wird der Teig zubereitet. Dazu gebt ihr Mehl auf den Tisch.
*(mit den Fingern leicht auf den Rücken trommeln)*
Dann kommen noch Zucker und Butter dazu.
*(mit den flachen Händen leicht auf den Rücken klopfen)*
Jetzt wird der Teig geknetet.
*(mit beiden Händen den Rücken leicht „kneten")*
Schon kann der Teig ausgerollt werden.
*(mit den flachen Händen über den Rücken streichen)*
Dann werden die Plätzchen ausgestochen.
*(mit einem Finger Sterne, Tannenbäume und Herzen auf den Rücken malen)*
Jetzt das Blech in den Ofen schieben.
*(mit den flachen Händen von oben nach unten über den Rücken streichen)*
Und schon sind unsere Plätzchen fertig!
*(mit beiden Händen auf die Schultern klopfen)*

# 2. Pfreddi entdeckt Weihnachten

Auf dem Stuberhof war es am Morgen ganz still. Das war ungewöhnlich. Denn sonst schrie Kikri, der Hahn, immer schon um sieben Uhr morgens so laut, dass alle Tiere erschrocken aus dem Schlaf fuhren.
„Vielleicht ist er heiser“, vermutete Pfreddi, das Pferd.
Kalt genug war es ja, jetzt im Winter.
Pfreddi lebte erst seit wenigen Monaten auf dem Stuberhof. Trotzdem kannte er sich hier mittlerweile richtig gut aus. Er fühlte sich in seinem Stall wohl. Besonders gut gefiel ihm, dass er von dort aus direkt auf die Koppel traben konnte. In der Box neben ihm wohnte der Esel Grauohr. Der war ein bisschen mürrisch. Aber das machte Pfreddi nichts aus.
„Kikri hat heute seinen überraschten Tag“, iahte Grauohr fröhlich.
Nanu? Pfreddi schielte in die Nachbarbox und schüttelte verblüfft seine Mähne. So gut gelaunt hatte Grauohr noch nie geklungen! Und was sollte das bedeuten: ein überraschter Tag?
Pfreddi entschied, sich draußen selbst einen Reim auf die Sache zu machen. Von der Koppel aus konnte er den gesamten Hof überblicken. Pfreddi schaute zum Misthaufen, der Kikris Lieblingsplatz war. Aber dort war niemand zu sehen. Pfreddi drehte seinen Kopf in alle Richtungen. Da! Erschrocken fing er an, zu wiehern.
„Es brennt!“, rief er, so laut er konnte.
Da tauchte Grauohr neben ihm auf. Es klang, als würde der alte Esel lachen.
„Keine Angst. Was da brennt, sind nur Kerzen. Das ist nicht gefährlich“, meinte der Esel.

## 2. Pfreddi entdeckt Weihnachten

Pfreddi sah genauer hin. Vor dem Bauernhaus stand ein kleiner Tannenbaum. Der hatte dort gestern noch nicht gestanden. Die kleinen Flammen, die Pfreddi sah, brannten tatsächlich auf den Kerzen, die auf dem Baum steckten.

Und direkt neben dem Baum mit den Kerzenlichtern stand Kikri. Er stakste aufgeregt um die Tanne. Sein Hahnenkamm war dick angeschwollen. Sein Kopf lag im Nacken. Und soweit Pfreddi von seinem Platz aus sehen konnte, hatte Kikri seine Augen weit aufgerissen.

„Er ist jedes Jahr wieder aufs Neue überrascht, wenn der Tag da ist, an dem der Bauer einen Weihnachtsbaum aufstellt“, kicherte Grauohr.

„Ein Tannenbaum mit Kerzen heißt Weihnachtsbaum?“, fragte Pfreddi neugierig. Das war ihm neu. „Und wozu soll der gut sein?“

Grauohr iahte verächtlich.

„Du hast ja echt keine Ahnung. Hast du vorher hinterm Mond gelebt?“

Pfreddi scharrte beleidigt mit den Hufen.

„Na gut, ich werde es dir erklären. Heute ist der erste Advent. In ein paar Wochen ist Weihnachten. Und weil der Bauer sich darüber so freut, stellt er einen Baum mit Kerzen auf. Außerdem ist er in den Wochen vor Weihnachten immer besonders nett. Noch netter als sonst. Darum ist der Weihnachtsbaum immer ein Zeichen für eine tolle Zeit. Zumindest hier auf dem Stuberhof“, erklärte Grauohr geduldig.

Wie auf Kommando kam der Bauer aus dem Haus geeilt. In seiner Hand trug er einen Korb. Damit ging er schnurstracks auf die Koppel zu.

„Hallo, ihr beiden. Ich wünsche euch einen schönen Advent“, lachte er.

Dann griff er in den Korb und legte knackige Möhren und rot glänzende Äpfel vor Pfreddi und Grauohr auf den Boden. Pfreddi lief das Wasser im Mund zusammen. Als der Bauer über den Koppelzaun griff und ihm den Hals klopfte, lief Pfreddi ein wohliger Schauer über den Rücken.

„Ich glaube, der Advent gefällt mir. Und dass der brennende Baum das Geheimzeichen dafür ist, werde ich mir merken,“, flüsterte er Grauohr zu, als der Bauer wieder gegangen war.

Hier auf dem Stuberhof war es wirklich wunderbar!

## FRAGEN ZUM NACH- UND WEITERDENKEN

- Grauohr erklärt Pfreddi, was es mit dem Baum und den Kerzen auf sich hat. Warum weiß der Esel das wohl so genau?
- Warum hat Pfreddi bisher noch keinen Weihnachtsbaum gesehen?
- Was könnten Pfreddi und Grauohr im Advent auf dem Stuberhof noch alles entdecken? Erfindet kleine Adventserlebnisse.

## MINI-AKTION „DAS LICHT EINER KERZE"

Am Weihnachtsbaum auf dem Stuberhof brennen Kerzen. Das überrascht den Hahn Kikri und auch Pfreddi.
Lasst euch auch vom Kerzenlicht überraschen. Zündet eine Kerze an und stellt sie in die Kreismitte. Werdet dann ganz ruhig und seht das Kerzenlicht konzentriert an.
Findet in Gedanken Antworten auf die folgenden Fragen:

- Welche Farbe hat die Flamme? Ist die Farbe an allen Stellen gleich?
- Bewegt sich die Flamme? Wie bewegt sich die Flamme: langsam oder schnell?
- Kannst du hören, wie der Kerzendocht brennt? Und wie das Kerzenwachs schmilzt?
- Welches Gefühl entsteht bei dir, wenn du das Kerzenlicht betrachtest?

# 3. Pepe will einen Käseladen

„Dieses Jahr werden wir in unserem Klassenzimmer eine Krippe aufbauen", meint Frau Albert, die Lehrerin der Klasse 3a.
Die Kinder finden das toll.
„Mit Schafen! Nein, mit Ochs und Esel! Und mit Hirten und Engeln!", rufen alle durcheinander.
„Und mit einem Käseladen und einem Obsthändler", sagt Pepe und lacht.
Lotta dreht sich zu ihm um und tippt sich an die Stirn. „Bei dir piept's wohl. Das gehört doch gar nicht in eine Weihnachtskrippe."
Pepe springt auf und stemmt die Arme in die Seiten.
„Doch! Klar gehört das in eine Krippe!", brüllt er.
Frau Albert hebt ihre Hand. „Hallo, ihr beiden! Wir sprechen freundlich miteinander."
Pepe lässt sich wieder auf seinen Stuhl plumpsen. Aber an seinen zusammengekniffenen Lippen ist zu sehen, dass er ziemlich sauer ist. Frau Albert nickt Pepe zu. „Also, erkläre uns doch in aller Ruhe deinen Vorschlag."
Pepe atmet tief ein. Dabei wirft er Lotta einen bösen Blick zu. Dann sagt er: „Mein Opa kommt aus Neapel. Das ist eine Stadt in Italien. Und dort werden in Kirchen und Häusern ganz große Krippen aufgebaut. Da gibt

es nicht nur Jesus, Maria und Josef, sondern ein ganzes italienisches Dorf mit dazu. Mit Händlern und allen möglichen anderen Leuten."
Frau Albert runzelt die Stirn. „Das habe ich tatsächlich noch nie gehört", murmelt sie.
„Gleich, wenn Schulschluss ist, kann ich es beweisen. Mein Opa holt mich heute ab. Dann können Sie ihn fragen", brummt Pepe.
Kurz darauf gongt es. Die Stunde ist beendet.
„Wartet bitte noch einen kurzen Augenblick", sagt Frau Albert.
Sie öffnet die Klassentür und späht in den Flur. Tatsächlich steht Pepes Opa bei den Garderobenbänken und wartet. Frau Albert winkt ihn freundlich ins Klassenzimmer.
„Opa, du musst allen die Bilder von den Krippen in Neapel zeigen!", ruft Pepe, kaum dass Opa eingetreten ist.
Pepes Opa lacht und fischt sein Handy aus der Hosentasche.
„Bei uns in Neapel sind Weihnachtskrippen wirklich etwas Besonderes", sagt er mit tiefer Stimme.
Er tippt auf seinem Telefon herum. Dann hält er es Frau Albert hin.
„Tatsächlich! Das ist ja unglaublich", sagt Frau Albert.
Sie klingt ziemlich erstaunt. Alle anderen Kinder drängen sich jetzt natürlich um die Lehrerin. Sie wollen die Fotos auch sehen.
„Sogar eine Metzgerei mit Würstchen gibt es da!", ruft Linda überrascht.
„Das habe ich echt nicht gewusst", meint sie dann, sieht Pepe an und zuckt entschuldigend mit den Schultern.
Aber Pepe ist gar nicht mehr sauer. Im Gegenteil – er ist ziemlich stolz. Auf sich, auf seinen Opa und auf Italien mit den tollen Krippen.

Am nächsten Tag sind sich alle Kinder aus Pepes Klasse sofort einig: In ihrem Klassenzimmer soll es auch eine Krippe geben, in der alle Dinge, die zum Leben gehören, mit aufgebaut werden. In der gesamten ersten Schulstunde sammeln sie Ideen. Und schließlich wird in der restlichen Woche nach und nach die Krippe aufgebaut.
Natürlich gibt es die Futterkrippe, in der Jesus liegt. Es gibt Maria, Josef, den Stall, Ochs und Esel… Aber daneben steht der Pausenverkauf ihrer

Schule, den die Kinder aus Karton gebastelt haben. Und davor viele Spielzeugmännchen-Kinder, die an Tischen sitzen und lernen.
„Eine wirklich besondere Krippe", findet Frau Albert, als alles aufgebaut ist.
„Eine wirklich neapolitanische Krippe", sagt Pepe und ist sehr zufrieden.

## FRAGEN ZUM NACH- UND WEITERDENKEN

- Pepe hat einen besonderen Vorschlag für die Klassen-Weihnachtskrippe. Was soll dort alles aufgebaut werden?
- Wo ist eine solche Weihnachtskrippe Tradition?
- Habt ihr zu Hause auch eine Weihnachtskrippe? Wie sieht die aus?

## MINI-AKTION „EINE KRIPPE FÜLLEN"

Füllt gemeinsam eine Krippe – genauer gesagt, die Futterkrippe für das Christkind.
Nehmt eine Schuhschachtel oder eine Schale. Damit das Christkind an Weihnachten darin weich liegt, muss die Krippe gut ausgepolstert sein. Trefft euch einmal in der Woche im Kreis. Dort sammelt ihr gute Taten. Jedes Kind schreibt auf einen Zettel ein Wort oder einen Satz: Was habt ihr in den vergangenen Tagen toll gemacht? Wem habt ihr geholfen? Wo habt ihr Streit geschlichtet? Bei wem habt ihr euch entschuldigt? Wem habt ihr einen Gefallen getan?
Eure Zettel faltet ihr zusammen und legt sie in die „Krippe". So füllt sich nach und nach die Krippe für das Christkind und ihr sorgt mit euren guten Taten dafür, dass es darin gut und gemütlich liegen kann.
Als Christkind könnt ihr kurz vor Weihnachten eine Spielfigur auf eure guten Taten in die Krippe legen.

# Ein Hör-Geschenk für Oma und Opa

„Oje", seufzt Mama, als sie das Telefon weglegt.

Lukas und Lilli schauen von ihren Hausaufgaben hoch. Beide sitzen am Küchentisch und haben zwar gehört, dass Mama telefoniert hat. Aber wieso sie jetzt so erschrocken aussieht, können sie sich nicht erklären.

„Was ist denn passiert?", will Lukas wissen.

Mama setzt sich zu Lilli und Lukas an den Tisch.

„Das war Opa. Oma liegt im Krankenhaus. Sie ist heute morgen ausgerutscht und hat sich das Bein gebrochen. Morgen wird sie operiert. Darum werden die beiden dieses Jahr an Weihnachten nicht kommen", erklärt Mama und klingt dabei ziemlich traurig.

„Weihnachten ohne Oma und Opa? Das geht aber nicht", findet Lilli.

Mama zuckt mit den Schultern. „Leider ist das dieses Jahr aber so. Mit einem gebrochenen Bein kann Oma nicht reisen."

„Dann fahren wir eben zu Oma und Opa", ruft Lukas.

Obwohl er natürlich weiß, dass die beiden über 800 Kilometer weit weg wohnen und die Fahrt dorthin ewig dauert.

Mama schüttelt den Kopf. „Ihr wisst doch, dass wir uns die Fahrt bis zu Oma und Opa im Moment nicht leisten können."

## 4. Ein Hör-Geschenk für Oma und Opa

Gerade will Lukas laut protestieren. Aber das verkneift er sich lieber. Er weiß nämlich wirklich, dass sie alle sparen müssen, seit Mama ihre Arbeit verloren hat. Und dann fällt ihm ein, dass ja nicht nur er und Lilli sich dieses Jahr darauf einstellen müssen, dass Weihnachten anders wird. Für Oma mit ihrem gebrochenen Bein ist das Ganze ja noch viel blöder.

„Ich finde, wir müssen uns etwas Tolles für Oma überlegen. Damit sie nicht so traurig ist, dass sie solches Pech hatte. Und damit sie schnell wieder gesund wird", sagt er deshalb.

Lilli nickt: „Genau, und damit Weihnachten für Oma und Opa trotzdem schön wird. Auch wenn sie nicht bei uns sind zum Feiern."

Mama lächelt gerührt. „Das ist eine schöne Idee von euch beiden. Und an was habt ihr da gedacht?"

„Wir malen für Oma und Opa ein Bild", fällt Lilli sofort ein.

Lukas zeigt ihr einen Vogel. Nicht nur, weil er die Idee nicht so toll findet, sondern auch, weil er nicht gerne malt. „Ein Bild ist doch langweilig."

„Dann schlag doch etwas Besseres vor", mault Lilli und verschränkt beleidigt ihre Arme vor der Brust.

Lukas kratzt sich an der Stirn. „Naja ...", murmelt er. „Das ist leichter gesagt als getan."

„Schreibt doch Oma und Opa einen Brief", meint Mama.

Da schütteln Lukas und Lilli ihre Köpfe. „Es reicht ja schon, wenn wir in der Schule und für die Hausaufgaben schreiben müssen. Da muss es ja nicht auch noch ein Brief sein", murmelt Lukas.

Also kommen Basteln und Briefschreiben nicht infrage. Das kann Lukas einfach nicht leiden. Es sollte etwas sein, was er gerne macht. Lukas überlegt. Da hat er plötzlich die zündende Idee! Er findet es immer toll, wenn Mama ihm ihr Handy gibt und er damit das Hörspiel anhören kann, das sie darauf extra für Lilli und Lukas gespeichert hat.

„Wir machen eine Aufnahme auf deinem Handy. Lilli und ich könnten Oma und Opa Grüße aufsprechen", sagt Lukas und grinst zufrieden.

Lilli bekommt große Augen. Lukas merkt gleich, dass sie seine Idee gut findet. „Genau. Und wir könnten für die beiden etwas singen. Oder eine Geschichte erzählen. Und du schickst die Aufnahme dann an Opa. Dann können Oma

und Opa uns hören, so oft sie wollen. Das ist beinahe so, als wären wir dort zu Besuch", sprudelt es begeistert aus Lillis Mund.
Mama lacht. „Eine hervorragende Idee. Dann beeilt euch mal mit den Hausaufgaben. Dann können wir danach gleich loslegen", meint sie.
„Ich hab nur noch zwei Aufgaben!", ruft Lukas und macht sich sofort an die Arbeit.

## FRAGEN ZUM NACH- UND WEITERDENKEN

- Wieso sieht Mama erschrocken aus, als sie am Anfang der Geschichte das Telefonat beendet?
- Oma und Opa können an Weihnachten diesmal nicht kommen. Wieso besuchen Lukas und Lilli die Großeltern nicht einfach?
- Lilli und Lukas lassen sich ein ganz besonderes Weihnachtsgeschenk für Oma und Opa einfallen. Welches besondere Geschenk hast du schon einmal verschenkt?

## MINI-AKTION „STILLE-POST MIT WEIHNACHTSLIEDERN"

Lukas und Lilli machen für Oma und Opa ein Geschenk zum Anhören. Sie wollen z. B. etwas für ihre Großeltern singen. Bestimmt denken sie dabei an Weihnachtslieder.
Macht aus verschiedenen Weihnachtsliedern ein Spiel. Jedes Kind überlegt sich ein Weihnachtslied, verrät es aber nicht. Ein Kind beginnt. Es flüstert dem rechten Nachbarn sein Lied ins Ohr. Dieser flüstert es an seinen rechten Nachbarn weiter. So wird das Lied einmal im Kreis durch Flüstern weitergegeben. Stimmt es am Ende noch? Dann ist das nächste Kind an der Reihe.

# 5. Besuch von Papa Nuel für Said

„Morgen kommt der Weihnachtsmann, kommt mit seinen Gaben", trällern die Kinder aus der 2a begeistert.
Sie üben gemeinsam mit Frau Lindner, der Lehrerin, für die Adventsfeier in der Schule. Frau Lindner hat extra dafür ihr E-Piano mitgebracht und begleitet die Klasse auf dem Klavier. Alle singen lautstark mit. Alle, bis auf Said. Plötzlich stoppt Frau Lindner mitten im Lied ihr Klavierspiel. Die Kinder singen noch ein paar Worte, bis alle still sind und Frau Lindner verwundert ansehen.
„Said, du singst ja gar nicht mit", sagt Frau Lindner und geht zu dem Jungen, der seit Anfang des Schuljahres in der Klasse ist.
Said schüttelt den Kopf und lässt seine Schultern hängen. Frau Lindner deutet auf das Blatt mit dem Liedtext, das vor Said auf dem Tisch liegt.
„Sollen wir den Text noch einmal zusammen üben?", fragt sie.
Wieder schüttelt Said den Kopf. Er kann den Text. Denn Said kann schon richtig gut Deutsch. Und er kann sich ziemlich viel merken.
„Aber ihr feiert doch auch Weihnachten?", fragt Frau Lindner nach.
Said nickt.
„Ja. Aber anders", sagt er.

## 5. Besuch von Papa Nuel für Said

„Du kommst doch aus Syrien. Feiert man da wirklich Weihnachten?", fragt Carlo, der Sitznachbar von Said, überrascht.
Said dreht sich zu ihm. „Wir sind Christen. Darum feiern wir Weihnachten. Aber unsere Nachbarn waren Muslime. Die haben nicht Weihnachten gefeiert. Sie haben uns aber an Weihnachten besucht."
Frau Lindner nickt Said ermutigend zu. „Erzähl uns doch bitte noch mehr darüber, wie ihr Weihnachten in Syrien gefeiert habt."
Said schaut verlegen auf seine Fingerspitzen. Da gibt ihm Carlo einen freundschaftlichen Knuff in die Seiten. „Los", flüstert er.
Said malt ein paar kleine Kreise mit dem Zeigefinger auf den Tisch. Dann gibt er sich einen Ruck und fängt an, zu erzählen:
Von dem Dorf, in dem er mit seiner Familie in Syrien gelebt hatte, bevor er nach Deutschland gekommen war. Und davon, wie er mit seinen Eltern, Geschwistern und Großeltern gemeinsam für Weihnachten Kuchen und Kekse gebacken hat. Und von den Nachbarn, die ihnen an Weihnachten gratuliert haben. Dafür haben Said und seine Eltern den muslimischen Nachbarn auch jedes Jahr zu Aid Al-Adha, dem muslimischen Opferfest, gratuliert. Und davon, dass in Syrien Papa Nuel die Kinder an Weihnachten besuchte.
„War dieser Papa Nuel auch euer Nachbar?", will Alma, die hinter Said sitzt, wissen.
Said lacht und schüttelt den Kopf.
„Wer ist Papa Nuel denn dann?", fragt Carlo.
„Der Mann, der die Geschenke bringt", erklärt Said schnell.
„Also der Weihnachtsmann!", ruft Alma.
„Ach so", murmelt Said und legt eine Hand an die Stirn. „Jetzt verstehe ich, was alle da singen."
Jetzt hat auch Frau Lindner verstanden, warum Said vorhin nicht mitgesungen hat.
„Du hast nicht verstanden, was der Text des Liedes bedeutet", stellt sie fest.
Said nickt. Plötzlich meldet sich Carlo ungeduldig.
„Ich habe eine Idee!", ruft er.
Frau Lindner deutet ihm an, dass er sprechen soll.
„Wir könnten doch das Lied halb deutsch, halb in Saids Sprache singen. Dann haben wir alle etwas davon", schlägt Carlo vor.

## 5. Besuch von Papa Nuel für Said

Frau Lindner hat nicht recht verstanden, was Carlo meint. Darum erklärt er es noch genauer: „Wir singen einfach ‚Morgen kommt Papa Nuel, kommt mit seinen Gaben'. Das verstehen wir alle."
„Eine wirklich gute Idee", findet Frau Lindner.
Und die anderen Kinder aus der Klasse finden das auch. Als Frau Lindner jetzt wieder auf dem Klavier anfängt, zu spielen, singen alle Kinder aus der Klasse lautstark mit. Auch Said.

### FRAGEN ZUM NACH- UND WEITERDENKEN

- Warum singt Said bei dem Lied „Morgen kommt der Weihnachtsmann" nicht mit?
- Said erzählt von Papa Nuel. Wer ist das?
- Carlo macht am Ende der Geschichte einen guten Vorschlag. Konntest du eine schwierige Situation schon einmal mit einer guten Idee lösen?

### MINI-AKTION „LIED: BALD IST WEIHNACHT"

In der Geschichte kommt das Lied „Morgen kommt der Weihnachtsmann" vor.
Singt doch mal gemeinsam auf diese Melodie einen ganz neuen Text vom Sinn der Weihnacht, nämlich davon, nicht nur ans Schenken zu denken, sondern Gutes zu tun:

*Bald ist Weihnacht*
*und wir freu'n*
*uns auf diese Tage.*
*Schenken freut uns alle sehr.*
*Nicht nur Päckchen, sondern mehr …*
*Wollen gute Dinge tun.*
*Das ist keine Frage!*

# 6. Adventswanderung im Nebel

In Emmas Familie gab es schon immer eine besondere Tradition: Am ersten Adventssonntag machten Papa und Emma einen langen Winterspaziergang. Der führte jedes Jahr durch den kleinen Park. Besonders schön fand es Emma, wenn Schnee lag. Der knirschte dann herrlich unter den Schuhsohlen, wenn man darüberging. Und sie konnte mit Papa dann eine Schneeballschlacht machen. Oder wenn der See in der Mitte des Parks zugefroren war. Letztes Jahr war die Eisdecke so dick gewesen, dass Emma und Papa sogar darauf herumschlittern konnten. Doch dieses Jahr sah Emma missmutig aus dem Fenster. Was sie dort sah, waren weder Schnee noch Eisblumen. Stattdessen sah sie: Nichts! Denn draußen war dichter Nebel. Und der schluckte alles, was Emma sonst entdecken konnte, wenn sie aus dem Fenster guckte.

„Komm, Emma. Ich hab schon eine Thermoskanne mit Tee eingepackt“, rief Papa.

Mit einem lauten „Pfff“ blies Emma die Luft aus. Auf einen Spaziergang im Nebel hatte sie nun wirklich keine Lust. Emma schlich mit hängenden Schultern durch die Küche in den Flur. Dort griff sie im Vorbeigehen nach Schal und Mütze. Bei Papa an der Wohnungstür angekommen, zog sie sich im Schneckentempo Stiefel und Jacke an.

## 6. Adventswanderung im Nebel

„Fertig", murmelte sie mit nach unten gezogenen Mundwinkeln.
„He, Begeisterung sieht aber anders aus", lachte Papa und klopfte Emma auf die Schulter. „Ich hab eine Überraschung eingepackt. Wirst schon sehen, unser diesjähriger Adventsspaziergang wird großartig."
Emma sah ihren Papa an und schüttelte ungläubig den Kopf. Hatte er etwa gar nicht bemerkt, was für eine Nebelsuppe draußen war? Na gut, sie wollte ja keine Spaßverderberin sein. Papa hatte schon die Tür geöffnet und hielt sie für Emma auf.
Erst gingen die beiden bis zum Park, ohne viel zu sprechen. Dort angekommen, zog Papa etwas aus seinem Rucksack und drehte sich zu Emma.
„Was siehst du?", flüsterte er.
„Na, nichts!", antwortete Emma etwas genervt.
„Eben. Und weil wir nichts sehen können, müssen wir unsere anderen Sinne benutzen. Also vor allem das Hören. Und deshalb hab ich uns etwas mitgenommen."
Papa drückte Emma etwas Rundes, Kaltes aus Metall in die Hand.
„Ein Glöckchen", staunte Emma, als sie das Ding genauer betrachtete.
„Genau. Passt doch gut zum Advent", lachte Papa. „Jetzt können wir uns nicht verlieren, weil wir uns ja hören."
Plötzlich fand Emma den Nebel gar nicht mehr so schlecht.
„Wir könnten doch sogar im Nebel Fangen spielen. Jeder muss dabei alle paar Sekunden sein Glöckchen läuten", schlug Emma vor.
Nach drei Runden Fangen mit Glöckchen machten Papa und Emma eine kleine Teepause. Dabei betrachteten sie die Umrisse, die der Nebel rundherum richtig gespenstisch aussehen ließ.
„Schau mal, das sieht aus wie ein Weihnachtsengel", flüsterte Emma und deutete auf das Etwas, das auf sie zukam.
Sie warteten gespannt darauf, dass sich die Gestalt aus dem Nebel löste.
„Ein Frau mit flatterndem Wintermantel", stellte Papa kichernd fest.
„Und dort ist bestimmt die Weihnachtskrippe", sagte er und deutete auf etwas Merkwürdiges einige Meter vor ihnen. Emma und Papa gingen glöckchenläutend hin.

„Tja, das ist doch nur der Transporter der Parkgärtner“, lachte Emma, als sie vor der angeblichen Krippe angekommen waren.
Nach zwei Stunden kamen Emma und Papa von ihrem Spaziergang wieder zu Hause an.
„Ich hoffe, nächstes Jahr gibt es am ersten Adventssonntag wieder Nebel“, stellte Emma fest und ließ ihr Glöckchen läuten, bevor sie, grinsend und gut gelaunt, ihre Stiefel auszog.

## FRAGEN ZUM NACH– UND WEITERDENKEN

- Emma freut sich jedes Jahr auf den Adventsspaziergang mit Papa. Warum hat sie dieses Jahr keine Lust?
- Emma glaubt, im Nebel einen Weihnachtsengel und eine Weihnachtskrippe zu erkennen. Was ist es stattdessen?
- Welche besonderen Traditionen gibt es in deiner Familie im Advent?

## MINI–AKTION „LAUSCHSPIEL WEIHNACHTSGLÖCKCHEN“

Emma und Papa müssen sich bei ihrem Spaziergang im Nebel auf ihr Gehör verlassen. Das könnt ihr gleich als Spiel ausprobieren.
Ein Kind bekommt ein Glöckchen (oder nimmt ein Klangspiel mit Schlägel). Damit geht es im Raum umher. Alle anderen Kinder machen die Augen zu. Das Kind mit dem Glöckchen bleibt immer wieder stehen und schlägt das Glöckchen an. Die anderen Kinder zeigen zu der Stelle, aus der der Klang kam. Dann machen alle die Augen auf und überprüfen, ob sie richtig lagen. Anschließend werden die Augen wieder zugemacht und das Kind mit dem Glöckchen wandert weiter.

# 7. Der Weihnachtshund

„Bitte, Papa!“, fleht Elias nun schon zum dritten Mal.
Seine Schwester Marie zupft Mama am Ärmel und klimpert dabei mit den Augenlidern.
„Ich sage es jetzt zum letzten Mal: Ein Hund ist kein Weihnachtswunsch. Ihr müsst euch etwas anderes überlegen. Haustiere werden nicht vom Weihnachtsmann geliefert“, brummt Papa etwas ungeduldig.
Und Mama nickt mit ernstem Blick.
Elias und Marie verziehen sich ins Kinderzimmer. Mit dem Rücken an Maries Bett gelehnt, sitzen sie nebeneinander auf dem Boden. Die beiden grübeln eine Weile schweigend. Plötzlich schreckt Marie hoch.
„Hast du das gehört?“, fragt sie und springt auf.
Elias folgt ihr zum Fenster. Beide schauen neugierig in den Vorgarten.
„Da!“, ruft Elias überrascht.
Auf dem gepflasterten Weg zu ihrer Haustür sitzt ein brauner Hund. Wie der Blitz sprinten die beiden in den Flur und öffnen vorsichtig die Tür. Als sie herauskommen, beginnt der Hund, heftig mit dem Schwanz zu wedeln.
„Na, komm her“, lockt Elias und geht in die Hocke.
Und tatsächlich kommt der Hund langsam auf Elias und Marie zu. Vor der Schwelle zum Haus hockt er sich hin und schaut die beiden erwartungsvoll an. Marie hält ihm ihre Hand hin. So kann er daran schnuppern und sie besser kennenlernen.

## 7. Der Weihnachtshund

„Vielleicht hat der Weihnachtsmann höchstpersönlich uns den Hund geschickt?", überlegt Marie.
Elias entdeckt am Halsband des Hundes eine goldene Marke.
„Jimmy", liest er laut vor. „So heißt der Hund. Und er gehört … Frau Olbrich in der Blumenstraße. Mist!"
„Müssen wir den Hund wirklich zurückbringen?", fragt Marie traurig.
Elias nickt. Auch wenn ihn das viel Überwindung kostet.
Eine Viertelstunde später stehen Elias und Marie in der Blumenstraße. Den Hund haben sie mithilfe von Maries Schal angeleint. Marie drückt auf die Klingel neben dem Schild „E. Olbrich". Fünf Sekunden später summt der Türöffner und die Geschwister betreten das Haus. Gleich im Erdgeschoss steht eine Wohnungstür offen. Dahinter steht eine ältere Frau.
„Jimmy! Da bist du ja!", ruft sie und klingt überglücklich.
Jimmy scheint sich auch sehr zu freuen. Aufgeregt rennt er immer wieder um Frau Olbrich herum und wedelt freudig mit dem Schwanz.
Frau Olbrich winkt alle zu sich in die Wohnung. Im Wohnzimmer rollt sich Jimmy direkt unter dem Couchtisch zusammen und gähnt zufrieden. Elias und Marie setzen sich mit Frau Olbrich auf das Sofa.
„Ich bin sehr froh, dass ihr mir Jimmy wieder zurückgebracht habt", sagt Frau Olbrich. „Heute Morgen, als ich ihm die Leine anlegen wollte, stand leider die Haustür offen. Und da hat Jimmy einfach Reißaus genommen. Und ich bin ja auch nicht mehr die Jüngste und komme nicht so schnell hinterher", erklärt sie und fügt seufzend hinzu: „Früher bin ich jeden Tag mehrmals ganz lang mit Jimmy spazieren gegangen. Aber mittlerweile schaffe ich das alles nicht mehr so. Und dann dieses Erlebnis heute …"
„Und wir dachten, der Weihnachtsmann hat unseren Wunsch endlich gehört und uns einen Hund geschickt", platzt es aus Marie heraus.
„Ihr wünscht euch einen Hund?", fragt Frau Olbrich lächelnd.
Elias und Marie nicken.
„Moment mal. Ich habe da eine Idee", sagt Elias.
Er beugt sich zu Jimmy und flüstert ihm etwas ins Ohr. Der Hund wedelt mit dem Schwanz.

# 7. Der Weihnachtshund

„Frau Olbrich, können wir Jimmy nicht einfach jeden Tag zum Spazierengehen abholen? Dann wäre Jimmy unser Leihhund. Und Sie müssen nicht so lange mit ihm Gassi gehen", fragt Elias. „Jimmy ist übrigens einverstanden", fügt er schnell an.
Frau Olbrich muss gar nicht lange überlegen. Sie findet die Idee wunderbar. Elias klatscht in die Hände. Marie strahlt übers ganze Gesicht.
„Dann ist Jimmy jetzt so etwas wie unser Weihnachtshund", meint sie.
Das sieht Jimmy genauso. Er springt auf, dreht sich einmal um die eigene Achse und lässt sich dann genau vor Marie und Elias wieder auf den Boden plumpsen.

## FRAGEN ZUM NACH- UND WEITERDENKEN

- Wie heißt der Hund, den Elias und Marie finden?
- Wem gehört der Hund und wie ist er verschwunden?
- Elias hat am Ende der Geschichte eine Idee, von der alle etwas haben. Welche Idee hat er? Warum haben alle etwas davon?

## MINI-AKTION „WEIHNACHTSPAARE FINDEN"

Elias und Marie wünschen sich einen Hund zu Weihnachten. Aber außer Geschenken gibt es noch viele andere Dinge, die zu Weihnachten gehören.
Sucht verschiedene Weihnachtsbegriffe, z. B. *Adventskranz, Kerze, Weihnachtsbaum, Engel, Weihnachtskugel* usw. Schreibt jeden Begriff auf zwei Zettel. Dann zieht jedes Kind einen Zettel. Was darauf steht, wird nicht verraten.
Dann beginnt das Spiel. Jedes Kind stellt seinen Weihnachtsbegriff mit Gesten dar. Die beiden Kinder, die denselben Begriff haben, müssen sich so ohne Worte finden.

# 8. Gut versteckt!

Alexander ist sehr zufrieden. Er hat eben die besten Weihnachtsgeschenke aller Zeiten gebastelt: ein wunderschönes Lesezeichen für Mama und einen Stiftehalter aus einer Klopapierrolle für Papa. Die wird er am Weihnachtsabend vor der Bescherung heimlich unter den Baum legen. Bestimmt werden Mama und Papa sich sehr freuen. Alexander sieht sich im Zimmer um. Jetzt braucht er nur noch ein gutes Versteck. Damit Mama und Papa die Geschenke vor Weihnachten nicht sehen. Schnell hat Alexander einen guten Platz gefunden.

Eine Woche später fällt Alexander ein, dass er die Geschenke für Mama und Papa eigentlich noch verpacken sollte. Immerhin müssen Weihnachtsgeschenke ja ausgepackt werden. Alexander öffnet seinen Kleiderschrank. Ups! Pullis und Hosen purzeln ihm entgegen. Alexander schiebt den Kleiderberg mit einem Fuß beiseite, damit die Tür sich ganz öffnen lässt. Er wühlt sich durch seine Socken. Nichts! Dabei war er sich so sicher, dass er genau dort die beiden Geschenke versteckt hatte. Ah, vielleicht sind sie ja im Regal! Alexander steigt über die Pullis und Hosen und stellt sich vor das Spieleregal. Er kratzt sich am Kopf. Wo könnten die Geschenke nur stecken?
Alexander greift nach dem Piratenpuzzle und stellt die Schachtel auf den Boden. Dahinter ist … nichts.

## 8. Gut versteckt!

Nach und nach räumt Alexander das gesamte Regal aus. Auf dem Boden im Kinderzimmer stapeln sich Bausteine, Kuscheltiere, Bücher, Muscheln vom letzten Urlaub, das Piratenschiff und jede Menge Stifte und Papier. Leider hat Alexander die Weihnachtsgeschenke für Mama und Papa immer noch nicht gefunden. Plötzlich klopft es an der Kinderzimmertür. Mama steckt ihren Kopf herein.

Schnell versucht Alexander, ein paar herumliegende Dinge mit dem Fuß unter das Bett zu schieben. Aber das macht auch keinen großen Unterschied.

„Wie sieht es denn hier aus?", ruft Mama entsetzt.

Alexander zuckt mit den Schultern. Er könnte Mama natürlich erklären, warum es in seinem Zimmer so chaotisch aussieht. Aber dann müsste er ja über die Weihnachtsüberraschung sprechen. Und das will er auf keinen Fall. Darum schweigt er einfach und zieht den Kopf ein.

„Hier sieht es aus, als hätte ein Wirbelsturm gewütet", sagt Mama.

„Ich würde mir wirklich mal wünschen, dass du mehr Ordnung hältst."

„Tut mir leid", murmelt Alexander kleinlaut.

Mama schüttelt den Kopf und meint noch: „In fünf Minuten können wir essen."

Dann zieht sie die Kinderzimmertür wieder hinter sich zu.

Alexander sieht sich ratlos in seinem Zimmer um und pustet seine Backen auf. Dann tippt er sich plötzlich an die Nase. Das ist es! Das ist der beste Einfall überhaupt! Er zieht einen Zettel und ein paar Stifte aus dem Dingeberg auf dem Boden.

Dann beginnt er, in Schönschrift zu schreiben: „Weihnachtsgutschein für einmal ordentlich Zimmeraufräumen. Euer Alexander."

Zusätzlich malt er noch ein paar Sterne auf die Karte. So sieht das Ganze gleich weihnachtlicher aus. Fein säuberlich faltet er den Zettel. Den Gutschein bekommen Mama und Papa zu Weihnachten. Wenn sie ihn einlösen, werden die Geschenke sicherlich wieder auftauchen. Die kann Alexander ihnen ja dann zu Ostern schenken.

## FRAGEN ZUM NACH- UND WEITERDENKEN

- Welche Geschenke hat Alexander für seine Eltern gebastelt?
- Alexander kann die Geschenke nicht mehr finden. Wo könnten sie sein? Was glaubst du?
- Hast du schon einmal etwas verlegt oder verloren? Wo ist es wieder aufgetaucht?

## MINI-AKTION „KONZENTRATIONSSPIEL: WEIH-NACHTS-BAUM"

Um etwas wiederzufinden, muss man sich konzentrieren. Dabei kann ein kleines Spiel helfen.

Stellt euch immer zu zweit gegenüber. Nun sagt ihr abwechselnd die Silben des Wortes „Weih-nachts-baum“: Kind 1 sagt „Weih-“, Kind 2 „-nachts-“, Kind 1 „-baum“, Kind 2 wieder „Weih-“ usw.

Nach einigen Durchläufen beginnt ihr eine zweite Runde. Statt „-nachts-“ klatscht ihr in die Hände: „Weih-**klatsch*-baum“. In der dritten Runde schnippt ihr statt „Weih-“ mit den Fingern: „**schnipp*-**klatsch*-baum“.

Und in der letzten Runde stampft ihr statt „-baum“ auf den Boden: „**schnipp*-**klatsch*-**stampf**“.

# 9. Tauschgeschäfte im Advent

Hanna liebt den Advent. Sie findet es toll, dass überall Lichter leuchten. Sie mag den Geruch von Tannenzweigen und ausgepusteten Kerzen. Und sie hört für ihr Leben gerne Weihnachtslieder. Nur eines mag Hanna überhaupt nicht: Sie hasst Plätzchen! Vor allem die von Oma. Hanna isst gerne Gummibärchen. Auch Erdnüsse und Müsliriegel mag sie. Aber bröselige Kekse findet sie schrecklich. Wenn die Plätzchen dann auch noch mit klebriger Marmelade gefüllt oder mit Zuckerperlen verziert sind, findet Hanna das richtig ekelig.
Doch leider versteht das niemand. Am allerwenigsten ihre Oma. Die kommt jede Woche am Sonntag zu Besuch. Und im Advent steckt sie dann auch immer ein Tütchen Weihnachtsplätzchen für die Pause in Hannas Schulranzen. Igitt!

Als es am Montag nach dem ersten Advent zur großen Pause läutet, zieht Hanna missmutig Omas Plätzchentüte aus der Schultasche. Gut, dass Mama ihr auch noch ein Käsebrot eingepackt hat. Gerade will Hanna die Tüte mit den Plätzchen wieder in ihre Schultasche stopfen. Da tippt Yasin sie an. „Du hast es gut“, meint er. „Du bekommst im Advent leckere Plätzchen.“ Hanna sieht Yasin überrascht an. Was redete er da?

## 9. Tauschgeschäfte im Advent

„Weil wir nicht Weihnachten feiern, gibt es auch keine Plätzchen", murmelt Yasin und lässt die Schultern hängen.
Jetzt versteht Hanna, was Yasin meint.
„Ach so. Du und deine Familie feiert was anderes. Muslimische Feste und so", stellt sie fest.
Yasin nickt.
„Aber bis zum Zuckerfest dauert es noch eine halbe Ewigkeit", murmelt er geknickt.
Yasin geht an seinen Platz und beugt sich über seine Schultasche. Er zieht eine Box heraus und stellt sie auf den Tisch. Hanna beobachtet, wie Yasin seinen Mund verzieht, als er den Deckel öffnet.
„Wieder Börek", grummelt er.
Hanna stellt sich hinter Yasin. Sie schnuppert. Yasins Pausenbrot riecht super, findet sie.
„Meine Oma macht Börek. Sie gibt mir jeden Montag welche mit", sagt Yasin.
Dann schiebt er die Pausenbox weg. „Ich hasse Börek!", ruft er dabei.
Plötzlich muss Hanna lachen. Sie hat eine wunderbare Idee. Eine richtige Adventsidee.
„Ich liebe Börek", sagt sie und zieht Yasins Box zu sich heran. „Dafür hasse ich Weihnachtsplätzchen."
„Du meinst …?", beginnt Yasin, zu überlegen.
Hanna nickt. Sie hebt ihre Hand. Yasin schlägt ein.
„Ab jetzt wird jeden Montag im Advent getauscht. Börek gegen Plätzchen. Dann sind alle zufrieden. Und das leckere Gebäck unserer Omas wird auch aufgegessen."
„So machen wir es", freut sich Yasin und greift nach der Plätzchentüte, die Hanna ihm hinhält.

## FRAGEN ZUM NACH- UND WEITERDENKEN

- Was mag Hanna im Advent? Und was mag sie überhaupt nicht?
- Hanna und Yasin machen einen Tausch. Was tauschen die beiden?
- Hast du schon einmal etwas getauscht? Was war das?

## MINI-AKTION „WEIHNACHTSSTERNE TAUSCHEN"

Tauscht doch auch einmal!
Jedes Kind bekommt einen kleinen Zettel. Darauf malt es einen Weihnachtsstern mit einer Farbe seiner Wahl in Rot, Grün, Blau oder Gelb. Ein Kind ist Spielleiter. Es macht die Augen zu. Alle Kinder gehen durch den Raum und tauschen ihre Zettel mit den Weihnachtssternen. Irgendwann ruft der Spielleiter „Stopp!" und sagt eine Farbe.
Alle Kinder, die einen Weihnachtsstern in dieser Farbe in der Hand halten, bekommen einen Punkt. Am besten notiert ihr die Namen der Kinder und die Punkte an der Tafel. Dann werden noch vier oder fünf weitere Runden gespielt.
Wer am Ende die meisten Punkte hat, hat das Tauschspiel gewonnen.

# 10. Nur noch einmal schlafen!

Juhu! Endlich Weihnachtsferien! Seit Wochen fiebert Emil den freien Tagen entgegen. Klar, Ferien sind immer toll. Aber diesmal hat Emil einen ganz besonderen Grund, warum er die freien Tage so herbeigesehnt hat: Er wird mit seinen Eltern über Weihnachten und Silvester zu seiner Tante Brit nach Finnland fahren. Die hat er noch nie gesehen. Er ist aber nicht nur gespannt auf seine Tante. Er freut sich vor allem auf viel Schnee in Finnland. Und er hofft, in Finnland echte Rentiere zu sehen. Vielleicht sogar solche, die einen Schlitten mit dem Weihnachtsmann darauf ziehen. Denn da ist Emil sich sicher: Wenn es den Weihnachtsmann gibt, wird er ihn am ehesten in Finnland treffen.

Morgen soll die Reise beginnen. Denn morgen ist Heiligabend und Mama und Papa haben endlich auch frei. Ganz früh am Morgen wollen sie zum Flughafen fahren. Es wird dann ein paar Stunden dauern, bis sie in Helsinki, der Hauptstadt Finnlands, landen werden. Dort wird Tante Brit sie abholen. Emils Tante wohnt in einem roten Holzhäuschen auf dem Land. Davon hat Emil bereits Fotos gesehen. Er findet, dass selbst das Haus nach gelungenen Weihnachtstagen aussieht.

## 10. Nur noch einmal schlafen!

Am Vorabend des Reisetages packen Emil und seine Eltern die Koffer. Dicke Pullis, Mützen, Handschuhe und gefütterte Anoraks nehmen ziemlich viel Platz ein. Emil muss sich sogar auf den Koffer setzen, damit Papa den Deckel komplett schließen kann. Als alles im Flur steht, was nach Finnland mitkommen muss, wird es für Emil langsam Zeit, ins Bett zu gehen.
Ans Einschlafen ist dann aber nicht zu denken. Emil ist viel zu aufgeregt, um seine Augen zu schließen. In seinem Kopf fahren die Gedanken Achterbahn: Wie es wohl in Finnland sein wird? Wie viel Schnee tatsächlich dort liegt? Was Tante Brit wohl für die Weihnachtstage alles geplant hat? Irgendwann fallen Emil dann doch die Augen zu und er schläft ein.

Mit einem Ruck wird Emil wach. Es ist hell im Zimmer. Heute ist also Heiligabend und er wird nach Finnland reisen. Gut gelaunt, springt Emil aus dem Bett. Plötzlich fällt sein Blick auf das Fenster. Draußen scheint die Sonne. Und alles sieht irgendwie komisch aus. Emil reißt das Fenster auf. Es riecht … nach Frühling! Emil hört Vögel zwitschern. Er sieht Krokusse und Narzissen im Vorgarten blühen.
„Was soll das denn?“, ruft Emil entsetzt.
Auf Emils Schreibtisch liegt sein Hausaufgabenheft. Es ist aufgeschlagen. Emil hat in die obere Zeile fein säuberlich jeden Tag das Datum eingetragen. Über der aufgeklappten Seite steht: 24. bis 28. März.
„Was?“, stöhnt Emil.
Hat er jetzt drei Monate verschlafen? Ist Weihnachten schon vorbei und er hat die Reise nach Finnland verpasst? Das darf doch wohl nicht wahr sein! Emil lässt sich stöhnend aufs Bett fallen und zieht sich die Decke über den Kopf. Da spürt er, wie ihm jemand eine Hand auf die Schulter legt.

„Emil? Aufwachen. Zeit, aufzustehen“, hört Emil Mama flüstern.
„Mama, stell dir vor, es ist schon März“, fiept Emil und strampelt die Decke weg.
Emils Mama schüttelt den Kopf und lächelt.
„Ich glaube …“, sagt sie.
Emil wartet nicht darauf, was Mama ihm sagen will. Er flitzt zum Fenster und sieht nach draußen. Alles sieht kahl aus. Im Nachbarsgarten blinkt eine Lichterkette an dem kleinen Tannenbaum im Vorgarten.

„... ich habe nur geträumt", beendet Emil Mamas Satz.
Mama nickt und lacht.
„Jetzt aber los. Damit es nicht März wird, bis wir in Finnland bei Tante Brit ankommen."
Emil schnappt sich seinen Wollpulli. Das lässt er sich nicht zweimal sagen.

## FRAGEN ZUM NACH- UND WEITERDENKEN

- Wo wird Emil dieses Jahr Weihnachten verbringen und wie stellt er sich das vor?
- Emil träumt, dass er verschlafen hat. Wie viele Monate hat Emil in seinem Traum verschlafen und welcher Monat ist es dort nun?
- Wo verbringst du Weihnachten und wie feiert ihr?

## MINI-AKTION „WEIHNACHTSKOFFER PACKEN"

Emil hat für seine Reise nach Finnland seinen Koffer gepackt. Packt ihr doch auch einen Koffer – voll mit Weihnachtsdingen.
Jedes Kind überlegt sich einen Weihnachtsgegenstand, der in den Koffer soll. Dann beginnt ein Kind und sagt: „Ich packe in meinen Weihnachtskoffer ... (eine Kerze, ein Plätzchen, ein Geschenk ...)"
Dann ist das nächste Kind an der Reihe. Es wiederholt alle bereits gepackten Weihnachtsgegenstände und sagt am Schluss sein Weihnachtsding.
Kann sich jedes Kind alle Gegenstände der anderen Kinder merken? Wenn nicht, helft ihr dem Kind dabei.

# Das beste Mittel gegen Lampenfieber

Vanessa ist ziemlich stolz. Denn sie wird in diesem Jahr beim Krippenspiel den Engel spielen. Das ist die wichtigste Rolle in dem Stück. Natürlich ist das Christuskind die eigentliche Hauptperson. Aber der Engel hat am meisten zu sagen. Das bedeutet auch, dass Vanessa richtig viel Text lernen muss. Doch das bekommt sie hin. Da ist sich Vanessa ganz sicher. Wenn sie sich vorstellt, in einem langen, weißen Kleid auf der Bühne zu stehen und einen goldenen Haarreif als Heiligenschein zu tragen, kann Vanessa den Auftritt kaum erwarten. Da ist das Lernen des Textes dann keine Arbeit, sondern ein Vergnügen.

„Schaut, der Stern. Er zeigt euch den Weg nach Bethlehem", murmelt Vanessa vor sich hin, als sie zur Generalprobe in der Schulturnhalle geht. Dort ist schon eine Bühne aufgebaut. Alia, Vanessas beste Freundin, steht staunend davor. Frau Klein, die Lehrerin, winkt alle Schauspieler zu sich. Dann wird endlich geprobt. Leider geht so ziemlich alles schief: Aris, der Hirte, stolpert über seinen langen Stab, als er zur Krippe hingeht. Emilia, die die Maria spielt, vergisst die Hälfte des Textes. Und Leo, der einen Esel spielt, blökt wie ein Schaf, statt wie ein Esel zu klingen. Nur Vanessa macht

alles richtig. Aber trotzdem haben alle nach der Generalprobe ziemlich schlechte Laune.
„Macht euch keine Sorgen. Beim richtigen Auftritt klappt es bestimmt", sagt Frau Klein.
Vanessa drückt vorsichtshalber schon mal fest ihre Daumen.

Zwei Tage später ist es endlich so weit: Das Krippenspiel wird in der Schule vor allen Kindern, Eltern und Lehrern aufgeführt.
Am Morgen hat Vanessa gar keinen Hunger. Das Müsli schmeckt heute einfach nur komisch, findet sie.
In der Schule hat Vanessa plötzlich wackelige Puddingbeine. Ob sie krank wird? Das darf auf keinen Fall passieren! Das Kribbeln in Vanessas Bauch fühlt sich an wie ein ganzer Ameisenhaufen, als sie die Turnhalle betritt. Vor der Bühne stehen jetzt jede Menge Stühle und selbst die Tribüne in der oberen Etage ist geöffnet worden. Das passiert sonst nur bei großen Sportveranstaltungen – oder eben bei Aufführungen wie dieser. Da weiß man sofort, dass etwas Besonderes ansteht.
Herr Rot, der Hausmeister, hängt mit Sternen bedruckte Luftballons an die Sprossenwände. In der Umkleide schlüpfen alle Kinder in ihre Kostüme. Als Vanessa ihren Haarreif auf den Kopf schiebt, zittern ihre Hände. Erst beim dritten Anlauf sitzt der Reif richtig.
Vanessa schielt durch den Türspalt der Umkleide in die Halle. So viele Leute! Fast alle Stühle sind schon belegt. Vanessas Herz schlägt wie ein ganzes Schlagzeug.
„Gleich geht es los", sagt Frau Klein.
Plötzlich wird es Vanessa heiß und gleichzeitig kalt. Sie hat ihren Text vergessen. Kein einziges Wort fällt ihr mehr ein! Herr Rot steckt seinen Kopf in die Umkleide. Er mustert Vanessa genau. Dann murmelt er: „Oje, Lampenfieber."
Vanessa fasst sich an die Stirn. Nein, Fieber hat sie nicht.
„Das ist die Aufregung. Ich habe da was, das dir bestimmt hilft", lächelt Herr Rot, greift in seine Hosentasche und zieht einen Sternenluftballon heraus.

# 11. Das beste Mittel gegen Lampenfieber

„Kräftig reinpusten", sagt er und hält Vanessa den Ballon unter die Nase. Vanessa nimmt den Luftballon, klemmt die Öffnung zwischen die Lippen und holt tief Luft. Sie pustet, holt tief Luft und pustet wieder. Und wirklich! Es hilft. Vanessa hat plötzlich gar keine Puddingbeine mehr. Und das Herzrasen ist auch fast vorbei. Da klatscht Frau Klein in die Hände.
„Los geht's!", ruft sie und deutet zur Bühne.
Schnell gibt Vanessa Herrn Rot den Luftballon zurück. Gut, dass der Hausmeister ein Mittel gegen Lampenfieber in seiner Hosentasche hatte. Jetzt kann nichts mehr schiefgehen. Das wird sicher das beste Krippenspiel aller Zeiten.

## FRAGEN ZUM NACH- UND WEITERDENKEN

- Welche Kinder haben in dem Krippenspiel welche Rolle? Kannst du dich genau erinnern?
- Vanessa hat Lampenfieber. Was bedeutet das? Was hilft Vanessa, sich vor dem Auftritt wieder zu beruhigen?
- Hattest du schon einmal Lampenfieber? Wann war das und was hat dir geholfen?

## MINI-AKTION „GLITZERSTERN-ATMEN"

Gegen Aufregung und Unruhe hilft es, ruhig zu atmen. Dabei kann dir das Wort „Glitzerstern" helfen.
Probiere es gleich mal aus: Atme ein und sage in Gedanken die Silben „Glit-zer-stern". Dann halte die Luft an und denke wieder die Silben „Glit-zer-stern". Anschließend atmest du aus und denkst wieder „Glitzer-stern". Dann machst du eine kurze Atempause und denkst wieder „Glit-zer-stern". Beginne nun erneut mit Einatmen und „Glit-zer-stern". Atme so eine Minute lang.

# 12. Herr Kegel liebt Weihnachtslieder

„Achtung, da kommt der Kegel!", flüstert Jakob.
Schnell zieht er Elena, seine Schwester, mit sich hinter die Hecke am Rand ihres Gartens. Durch die kahlen Zweige der Hainbuchen sehen sie einen alten Mann den Gehweg entlangschlurfen. Er hat die Schultern nach vorne gebeugt. Während er einen Fuß vor den anderen setzt, murmelt er unablässig vor sich hin: „Nein, diese Kinder … Solche Rotzgören! Bestimmt haben die wieder ihren Müll hier hingeworfen."
Jakob und Elena sehen, wie Herr Kegel sich bückt und die Verpackung einer Schokoladenkugel aufhebt.
„Aber das waren wir doch gar nicht!", presst Elena entrüstet hervor.
Schnell legt Jakob einen Finger an den Mund.
„Sei still. Sonst hört er uns noch", flüstert er seiner Schwester beschwörend ins Ohr.
Wenige Augenblicke später ist der alte Mann hinter der nächsten Kurve verschwunden. Jakob und Elena schieben sich erleichtert hinter der Hecke hervor.
„Der alte Herr Kegel ist wirklich der griesgrämigste, unfreundlichste Mensch, den ich kenne", meint Jakob.

# 12. Herr Kegel liebt Weihnachtslieder

Und Elena nickt. Immer wieder hat es mit Herrn Kegel schon Ärger gegeben. Herr Kegel hat sich bestimmt schon hundert Mal bei ihren Eltern beschwert. Über Kleinigkeiten, wie zu lautes Spielen, oder auch über Dinge, die Jakob und Elena gar nicht gemacht haben, für die Herr Kegel sie aber verdächtigt hat.
„Geht ihm am besten aus dem Weg", war der Ratschlag von Papa, den Jakob und Elena jetzt immer befolgen, wenn sie Herrn Kegel aus der Ferne sehen.

Zwei Tage später stehen Jakob und Elena mit Schneeanzügen, Handschuhen und Mützen im Garten. Über Nacht hat es ein wenig geschneit. Jakob schiebt mit einer Schneeschaufel den Schnee vom gepflasterten Weg auf die Wiese. Dort formt Elena alles zu einer großen Kugel. Vielleicht reicht der Schnee ja für einen Mini-Schneemann. Dabei singen die beiden, gut gelaunt, alle Weihnachtslieder, die ihnen einfallen.
„Schneeflöckchen, Weißröckchen, wann kommst du geschneit", stimmt Elena das nächste Lied an.
Jakob singt sofort mit. Plötzlich hört Elena ein Brummen. Es kommt vom Gartentor. Sie hört auf, zu singen, hebt den Kopf und zuckt zusammen. Dort am Tor steht Herr Kegel. Jakob scheint ihn gar nicht bemerkt zu haben. Er singt immer noch: „… du wohnst in den Wolken. Dein Weg ist so weit."
Herr Kegel sieht zu den Geschwistern in den Garten. Elena springt auf, läuft zu Jakob und tippt ihm auf die Schulter. Jakob folgt dem Blick seiner Schwester. Jetzt hört auch er zu singen auf. Die beiden stehen wie festgefroren auf dem Weg und starren Herrn Kegel an.
„Singt doch weiter, Kinder. Das klingt so schön", meint Herr Kegel.
Dann stimmt er selbst ein Lied an: „Alle Jahre wieder …"
Jakob und Elena sehen sich verblüfft an. Sie können gar nicht glauben, dass Herr Kegel nicht schimpft, sondern singt.
„Wisst ihr, ich liebe Weihnachtslieder. Und ich nehme mir so selten Zeit, welche zu singen. Danke, dass ihr mich auf die Idee gebracht habt", sagt Herr Kegel.
Dann dreht er sich um und geht singend den Gehweg entlang.
Als Jakob und Elena keinen Ton mehr hören, sehen sie sich an.

„Ich glaube, das war ein Weihnachtswunder", meint Jakob.
Elena schüttelt den Kopf.
„Ich glaube, dass Herr Kegel ziemlich einsam ist. Und darum schimpft er immer. Gut, dass wir ihn heute auf die Idee gebracht haben, lieber zu singen, statt zu schimpfen."
Jakob nickt. Vielleicht hat seine Schwester Recht.

## FRAGEN ZUM NACH- UND WEITERDENKEN

- Was machen Elena und Jakob am Anfang der Geschichte, als sie Herrn Kegel sehen? Warum?
- Was glaubt Elena am Ende der Geschichte, warum Herr Kegel so griesgrämig ist?
- Hast du schon einmal jemandem mit einem Lied eine Freude gemacht? Wann und wie?

## MINI-AKTION „AUFWÄRMKONZERT"

Jakob und Elena bewegen sich draußen. Darum wird ihnen nicht kalt. Macht gemeinsam ein „Konzert" mit Geräuschen, mit denen es euch warm wird.
Jedes Kind überlegt sich zuerst ein „Aufwärm-Geräusch", z. B. Hände aneinanderreiben, auf die Oberarme klopfen, hüpfen usw.
Dann startet das Konzert. Das erste Kind beginnt mit seinem „Aufwärm-Geräusch" und alle lauschen einen Moment. Während das erste Kind weitermacht, beginnt das zweite Kind, sein Geräusch dazu zu machen. Dann kommt das dritte, dann das vierte Kind usw. Schließlich habt ihr ein lautes Konzert aus unterschiedlichen „Aufwärm-Geräuschen". Ihr könnt es nach und nach verklingen lassen, indem erst das erste, dann das zweite und nach und nach alle anderen Kinder mit ihren Geräuschen aufhören.

# 13. Dezemberstraße 24

Paula wohnt in Winterstadt. Genauer gesagt, in der Dezemberstraße. Das findet sie gerade im Advent besonders schön. Denn in der Dezemberstraße gibt es eine ungewöhnliche Tradition: An jedem Tag im Dezember wird vor dem Haus mit der passenden Hausnummer eine kleine Weihnachtsüberraschung aufgestellt.
Paula wohnt im Haus mit der Nummer 2. Am 2. Dezember hat sie darum mit Mama einen kleinen Tannenbaum im Tontopf vor die Tür gestellt und ihn mit einer Lichterkette geschmückt. Viele Leute blieben vor Paulas Haustür stehen und bewunderten den Baum. Paulas Nachbarn hatten am 4. Dezember schön eingepackte Päckchen mit goldenen Schleifen vor die Tür gestellt. An jedem Tag im Dezember, wenn Paula zur Schule geht, macht sie deshalb einen kleinen Umweg zum Haus mit dem Datum des Tages, um nachzusehen, was davorsteht. Das ist das allerschönste Adventsritual, findet Paula.

Als sie heute durch die Dezemberstraße geht, fällt ihr Blick auf das letzte Haus in der Straße: das mit der Hausnummer 24. Davor steht ein großer

Umzugswagen. Das muss Paula sich genauer ansehen! Sie wirft nur noch einen schnellen Blick zum Haus mit der Hausnummer 13. Das ist nämlich heute dran. Davor steht ein riesiger Weihnachtsmann, der mit den Armen winkt. Schön. Aber der stand schon letztes Jahr dort.
Paula geht weiter bis zum Haus mit der Nummer 24. Von drinnen hört sie Rumpeln und Scharren. Bestimmt schieben die neuen Bewohner gerade Möbel zurecht. Da fällt Paulas Blick auf das Türschild an der Hauswand. „Erika Engel" steht dort in goldenen Buchstaben auf blauem Grund. Das gibt es doch nicht! Paula ist ganz begeistert: In die Dezemberstraße 24 zieht gerade ein Engel ein. Ob das Zufall ist? Plötzlich tippt jemand Paula auf die Schulter.
„Bist du eine meiner neuen Nachbarinnen?", fragt eine freundliche Stimme. Paula dreht sich um. Hinter ihr steht eine junge Frau, die sie anlächelt: „Hallo, ich bin Erika Engel."
Paulas Mund bleibt vor Staunen offen stehen. So hat sie sich einen Engel nicht vorgestellt! Die Frau trägt einen Mantel aus vielen bunten Stoffquadraten und eine große, rote Brille. Auf dem Kopf hat sie eine grüne Zipfelmütze, unter der dichte, dunkle Locken hervorquellen.
„Kann ich dir irgendwie helfen?", fragt die Frau.
Paula schüttelt den Kopf. Dann stottert sie: „Ich dachte, Sie sind ein echter Engel. Wo Sie doch jetzt in der Dezemberstraße 24 wohnen."
Die Frau runzelt die Stirn. Dann lacht sie auf.
„Das ist mir bisher noch gar nicht aufgefallen."
Weil Frau Engel neu ist, muss Paula ihr natürlich gleich erklären, welchen Brauch es in der Dezemberstraße gibt.
„Was für eine prima Idee!", kichert Frau Engel und klatscht in die Hände. „Und weißt du was? Ich habe schon eine Idee, was ich am Heiligabend vor meine Tür stellen werde. Ich packe für alle meine Nachbarn kleine Weihnachtsgeschenke ein und stelle sie in einem Korb vor das Haus", raunt sie Paula zu.
Die ist begeistert. Als Paula sich schließlich endlich in Richtung Schule aufmacht, überlegt sie den ganzen Weg dorthin, ob Frau Erika Engel nicht vielleicht doch ein echter Engel ist.

# 13. Dezemberstraße 24

## FRAGEN ZUM NACH- UND WEITERDENKEN

- Welchen Brauch gibt es in der Dezemberstraße, in der Paula wohnt?
- Wer zieht in das Haus mit der Nummer 24 und warum ist das so besonders?
- Erika Engel hat vor, an Weihnachten alle Nachbarn zu beschenken. Wem wirst du dieses Jahr an Weihnachten eine Freude machen?

## MINI-AKTION „WEIHNACHTSRÄTSEL"

Frau Engel gibt Paula ein Rätsel auf. Versucht gemeinsam, diese Weihnachtsrätsel zu lösen:

**An welchem Tag ist Heiligabend?**

☐ am 31. Dezember
☐ am 24. Dezember
☐ am 6. Dezember

**Wo wurde vor über 2000 Jahren Jesus geboren?**

☐ im Krankenhaus
☐ in einem Hotel
☐ in einem Stall

**Wie hießen die Eltern von Jesus?**

☐ Maria und Josef
☐ Marianne und Jakob
☐ Michael und Julia

**In welcher Stadt wurde Jesus geboren?**

☐ in New York
☐ in Berlin
☐ in Bethlehem

**Wer besuchte Jesus einige Tage nach seiner Geburt?**

☐ Ochs und Esel
☐ die Heiligen Drei Könige
☐ der Nikolaus

# 14. Die geteilten Mandeln

Henry ist über das Wochenende zu Besuch bei Oma und Opa. Das mag er im Advent besonders. Denn in der Wohnung seiner Großeltern riecht es in den Wochen vor Weihnachten immer herrlich nach Zimt, Honig und frischen Plätzchen. Ganz anders als zu Hause. Denn Mama hat keine Zeit zum Backen. Aber Oma und Opa dafür umso mehr. Henry durfte schon alle acht Sorten Gebäck kosten.

Jetzt wollen Henry, Oma und Opa auf den Weihnachtsmarkt. Dick eingepackt, fahren die drei mit der Straßenbahn in die Innenstadt. Direkt am Rathaus stehen unzählige Holzbuden. Die Dächer der Buden sind mit Tannenzweigen und kleinen Lichterketten geschmückt. Alles sieht feierlich und sehr weihnachtlich aus. Henry liebt diese Stimmung. Da fühlt man sich gleich irgendwie richtig wohl, findet er. Oma, Opa und Henry schlendern durch die Gänge zwischen den Buden. Es gibt bunte Weihnachtskugeln und leuchtende Sterne zu kaufen, allerlei Schmuck, Spielzeug aus Holz, leckeren Honig und kuschelige Mützen. Eine Budenreihe weiter riecht es plötzlich ganz besonders verführerisch.
„Gebrannte Mandeln!“, ruft Henry. „Kann ich welche haben?“
Natürlich holt Oma sofort ihre Geldbörse aus der Manteltasche. Jedes Mal, wenn sie alle gemeinsam auf den Weihnachtsmarkt gehen, darf sich Henry eine Kleinigkeit kaufen. Und gebrannte Mandeln liebt er eben ganz besonders.

## 14. Die geteilten Mandeln

Während sie weiterschlendern, greift Henry immer wieder in die Öffnung der spitzen, warmen Papiertüte und fischt sich eine knackige Mandel heraus. Lecker! Henry bietet natürlich auch Oma und Opa etwas von seinen Mandeln an. Aber Oma sind sie zu süß und Opa findet sie zu hart. Gut, dann bleiben mehr für Henry!

Am Ende des nächsten Gangs ist eine kleine Bühne aufgebaut. Darauf stehen einige Musiker und spielen Weihnachtslieder mit Trompeten und Klarinetten. Henry bleibt stehen, hört sich die weihnachtlichen Töne an und schaut sich dabei um. Viele Menschen stehen vor der Bühne und lauschen wie Henry andächtig der Musik. Gerade spielen die Musiker „Alle Jahre wieder". In der Schule hat Henrys Klasse das Lied auf der Blockflöte eingeübt, aber bei den Musikern auf der Bühne klingt es doch deutlich schöner, findet Henry. Da fällt sein Blick plötzlich auf einen Mann, der neben der Bühne auf dem Boden sitzt. Seine Kleidung sieht etwas dreckig und alt aus. Seine Schuhe haben sogar Löcher.

„Schau mal", sagt Henry, tippt Oma in die Seite und deutet auf den Mann. „Wieso sitzt der auf dem Boden? Dazu ist es doch viel zu kalt. Und seine Kleidung sieht auch nicht sehr warm aus."

Oma seufzt und zuckt mit den Schultern. „Der Mann ist wahrscheinlich obdachlos. Das bedeutet, er hat keine Wohnung und lebt auf der Straße. Deshalb hat er sich hier einen Platz zum Sitzen gesucht, der etwas geschützt ist und wo er nicht so sehr frieren muss", erklärt sie.

Henry gefällt das gar nicht. Dann entdeckt er, dass vor dem Mann ein leerer Pappbecher auf dem Boden steht. Oma folgt Henrys Blick.

„Der Mann bettelt. Der Pappbecher steht dort, damit die Menschen ihm dort etwas Geld hineinwerfen. Von dem Geld kann er sich dann etwas zu essen kaufen", erklärt sie.

Oma will Henry weiterziehen. Opa ist schon bei den nächsten Buden. Doch plötzlich hat Henry eine Idee. Er windet sich aus Omas Hand und geht zu dem Mann.

„Bald ist Weihnachten. Und ich finde, zu Weihnachten gehören gebrannte Mandeln irgendwie dazu. Lassen Sie sich die hier schmecken", sagt Henry zu dem Mann.

Er drückt ihm die halb volle Tüte gebrannte Mandeln in die Hand. Dann läuft er schnell zurück zu Oma.

## FRAGEN ZUM NACH- UND WEITERDENKEN

- Henry besucht mit seinen Großeltern einen Weihnachtsmarkt. Wie sehen die Buden aus und was gibt es dort zu kaufen?
- Wie erklärt Oma Henry, warum der Mann neben der Bühne auf dem Boden sitzt?
- Henry teilt seine Mandeln mit dem Mann auf dem Weihnachtsmarkt. Welche Geschichten vom Teilen kennst du noch?

## MINI-AKTION „GUTE-TATEN-STERN"

Henry teilt. Das ist eine richtig gute Tat.
Sammelt eure guten Taten der letzten Woche. Dazu schreibt jedes Kind eine gute Tat auf einen Zettel. Dann malt ihr mit einer Kreide einen großen Stern auf den Boden. Ihr könnt ihn auch mit Malerkrepp-Klebeband aufkleben. Der Reihe nach darf nun jedes Kind seine gute Tat vorstellen und auf den Stern auf den Boden legen. So wird der Gute-Taten-Stern nach und nach bestückt.

# 15. Weihnachtswunder in der 3b

In der 3b gibt es ständig Streit. Genauer gesagt: Luca und Abbas streiten jeden Tag. Egal um was es geht: Die beiden sind nie einer Meinung. Deshalb meckern sie sich erst an. Und danach beginnen sie jedes Mal, sich ziemlich gemein zu beschimpfen.
„Du Blödmann!“, schreit Luca heute, als Abbas in Mathe einen Fehler macht.
„Selber, du Hirni“, brüllt Abbas zurück.
Herr Lechner, der Lehrer, sieht die beiden streng an.
„Zumindest so kurz vor Weihnachten könntet ihr beiden doch mal Frieden schließen“, meint er.
„Pah!“, ruft Abbas und verschränkt verärgert seine Arme vor der Brust.
„Sonst noch was?“, murmelt Luca und macht es Abbas nach.
Jasmin, die neben Luca sitzt, schüttelt den Kopf.
„Solche Streithähne“, flüstert sie dabei.

Als es zur Pause läutet, laufen alle Kinder schnell in den Flur, um sich anzuziehen. Luca schlüpft in seine grünen Winterstiefel.
„Die sind ganz neu. Die waren total teuer. Aber meine Mama hat sie mir trotzdem gekauft“, erklärt er Jasmin.

„Meine sind noch neuer. Und schöner", sagt Abbas und zieht blitzblanke blaue Stiefel aus dem Schuhregal.
„Mir doch egal", mault Luca.
„Nicht schon wieder", seufzt Jasmin und zieht Luca schnell am Ärmel seiner Jacke.
Luca folgt ihr nach draußen auf den Pausenhof. Deshalb kann er nicht mehr hören, was Abbas ihm nachruft.

Auf dem Pausenhof ist es heute ziemlich matschig. Nur in der Mitte, wo der Hof gepflastert ist, können die Kinder spielen, ohne dass ihre Füße nass werden. Luca und Jasmin spielen Fangen. Aber das ist ziemlich langweilig, weil Luca ständig darauf achtet, mit seinen neuen Stiefeln nicht im Matsch zu landen. Als Luca wieder einmal vor der sumpfigen Wiese am Hofrand abbremst, sieht er es: Abbas steht auf einem kleinen Stück trockener Wiese, umringt von Schlamm, und sieht entsetzt auf den Boden. Seine Stiefel sehen erstaunlich sauber aus.
„Wie er das wohl hinbekommen hat?", überlegt Luca.
Da fällt ihm ein, dass vorhin in der Mitte der Matsche noch ein großer Stein zu sehen war. Der ist vielleicht darin versunken, als Abbas darauf getreten ist. Aber eigentlich könnte Luca das ja egal sein. Stattdessen könnte er sich jetzt schadenfroh über Abbas lustig machen. Denn wenn Abbas jetzt zurück auf den trockenen Teil des Pausenhofes gelangen will, wird er dabei seine Schuhe ruinieren, weil er durch den Schlamm gehen muss. Gut so.
Plötzlich merkt Luca, dass er gar nicht lacht. Sein Blick wandert zu seinen eigenen neuen Winterstiefeln. Dann sieht Luca sich um. Auf der anderen Seite des Pausenhofs entdeckt er ein loses Brett. Schnell läuft Luca hin, um es zu holen.
„He, spinnst du?", schreit Jasmin, als Luca mit dem Brett in Richtung Matschwiese geht.
„Was hast du vor? Du kannst doch nicht …"
Doch dann ist sie still. Luca weiß genau, was Jasmin gedacht hat: Dass er mit dem Brett auf Abbas losgeht. Aber das wird er nicht! Luca legt das Brett auf den Boden und schiebt es über das matschige Stück der Wiese in Abbas' Richtung. Abbas sieht Luca erstaunt an. Dann hebt er wie als

Dankeschön seine Hand. Vorsichtig tritt er auf das Holz. Schritt für Schritt balanciert Abbas über das Brett zurück, bis er trockenen Boden unter den Füßen hat.

Der restliche Schultag verläuft ruhig und friedlich. Luca und Abbas streiten kein einziges Mal. Herr Lechner sieht immer wieder zu den beiden hin. Dabei schüttelt er ratlos den Kopf.
„Ich weiß zwar nicht genau, was hier passiert ist. Aber das scheint mir ein echtes Weihnachtswunder zu sein", sagt Herr Lechner am Ende des Schultags.
Luca und Abbas sagen nichts dazu. Aber beide nicken.

## FRAGEN ZUM NACH- UND WEITERDENKEN

- Luca und Abbas haben ständig Ärger miteinander. Doch dann hilft Luca Abbas in der Pause. Wie macht er das?
- Wie nennt Herr Lechner es, dass sich Luca und Abbas plötzlich nicht weiter streiten?
- Was glaubst du: Warum hat Luca Abbas geholfen?

## MINI-AKTION „GEMEINSCHAFTS-WEIHNACHTS-BILD"

In der Geschichte hilft Luca Abbas.
Helft doch mal alle zusammen, um ein großes Weihnachtsbild zu malen. Dazu nimmt jedes Kind einen Stift und denkt sich einen Weihnachtsgegenstand aus, der auf ein Weihnachtsbild gehört. Dann teilt ihr ein großes Blatt Papier in so viele Kästchen ein, wie ihr Kinder seid. Nun darf jedes Kind ein Kästchen füllen. Hängt das entstandene Weihnachtsbild im Klassenzimmer auf.

# 16. Ziemlich schiefe Himmelstöne

Im Himmel geht es kurz vor Weihnachten immer ziemlich hektisch zu. Besonders im hell erleuchteten Packraum. Da müssen natürlich Geschenke verpackt, Glocken poliert und Lametta gebügelt werden. Aber währenddessen nehmen sich manche Engel immer etwas Zeit, um Weihnachtsmusik zu machen. Das mag Adriel sehr gerne. Am liebsten spielt er Weihnachtsmelodien auf seiner Flöte. Nur leider bedeutet das nicht, dass er das besonders gut kann. Statt eines „O, du fröhliche" in sanften, feierlichen Tönen quietscht es schief und schrill aus Adriels Flöte.
„Hör endlich auf mit dem Krach", schimpft Theodoria, die Oberengelin, genervt. „Das ist ja nicht auszuhalten!"
Enttäuscht lässt Adriel seine Flöte sinken.
„Das hört sich an wie Spuk im Schloss Krächzestein", gackert Badetin, der gerade eine Modelleisenbahn in einen goldenen Karton legt.
„Hilf lieber mit beim Packen", schlägt Theodoria vor. „Dann machst du wenigstens etwas Nützliches."
Adriel legt seine Flöte weg und greift nach einer roten Schachtel. Lustlos legt er ein Buch über Pferde hinein. Ziemlich öde, das Packen ganz ohne Weihnachtsmusik! Adriel schielt zu seiner Flöte.
„Denk nicht mal dran!", faucht Badetin ihn an, der seinen Blick bemerkt hat.
„Aber ich will Weihnachtsmusik!", murmelt Adriel.

## 16. Ziemlich schiefe Himmelstöne

Missmutig greift er zum nächsten Geschenk, um es einzupacken. Plötzlich fängt Adriel an, übers ganze Gesicht zu strahlen. Er hält eine Gitarre in den Händen. Wenn er schon nicht Flöte spielen darf, dann wenigstens Gitarre! Adriel legt seine Finger an die Saiten. Bring, brong, bring. Es klingt kein bisschen nach Weihnachtsmusik. Mehr nach Regentropfen, die in einen Blecheimer fallen.

„Nicht schon wieder!", ruft Theodoria.

„Leg das weg!", schimpft Badetin. „Das ist ein Geschenk. Es gehört dir nicht."

„Hier ist es ja ganz und gar nicht weihnachtlich", sagt plötzlich eine tiefe Stimme. Erschrocken heben Adriel, Badetin und Theodoria ihre Köpfe. Der Weihnachtsmann höchstpersönlich steht in der Tür.

„Wieso spielt denn hier niemand Weihnachtslieder?", fragt der alte Mann mit seinem weißen Bart.

„Das wollte ich doch. Aber keiner will meine Musik hören", beschwert sich Adriel.

„Stimmt, Weihnachtsmann. Das liegt daran, dass Adriel einfach nicht spielen kann", erklärt Badetin.

„Hmmmm", brummt der Weihnachtsmann und reibt sich über seinen Bart. Dann hebt er einen Finger. „Moment!"

Der Weihnachtsmann verlässt den Packraum und kommt einige Augenblicke später mit drei kleinen Paketen zurück.

„Ich wollte euch dieses Jahr sowieso überraschen. Ihr habt euch nämlich auch Geschenke verdient. Hier, das ist für dich, Adriel."

Der Weihnachtsmann reicht dem Engel eines der Pakete. Die anderen beiden Geschenke gibt er Theodoria und Badetin.

Sofort packen die drei aus.

„Juhu!", jubelt Adriel, als er ein Buch mit dem Titel „Flöte spielen leicht gemacht" aus der Verpackung zieht.

Badetin und Theodoria halten Ohrstöpsel in ihren Händen. Entsetzt schauen sie die Geschenke an. Sie ahnen, wofür sie gedacht sind. Adriel schlägt sofort das Buch auf und schnappt sich seine Flöte. Die beiden anderen stecken sich schnell die Stöpsel in die Ohren.

„Na, da haben doch alle das bekommen, was sie brauchen“, schmunzelt der Weihnachtsmann. Während er geht, zwinkert er Adriel zu. „Es ist schließlich noch kein Flöten-Engel-Meister vom Himmel gefallen.“

## FRAGEN ZUM NACH- UND WEITERDENKEN

- Wie heißen die drei Engel, die in der Geschichte vorkommen?
- Warum wollen Theodoria und Badetin die Flötenmusik von Adriel nicht hören?
- Was bekommen die drei Engel vom Weihnachtsmann geschenkt? Warum sagt er wohl, dass jeder das bekommt, was er braucht?

## MINI-AKTION „BEGRÜSSUNG DER WEIHNACHTSENGEL"

Jetzt seid ihr Weihnachtsengel! Geht im Raum herum. Ein Kind ist die Spielleitung. Es klatscht irgendwann in die Hände. Dann begrüßt ihr als Weihnachtsengel den Weihnachtsengel, der euch am nächsten steht.
Die Spielleitung gibt vor, wie:

- mit den Händen wie mit Flügeln in der Luft „flattern“
- über dem Kopf mit einer Hand einen Heiligenschein beschreiben
- sich an den Händen fassen und einmal im Kreis gehen usw.

Anschließend gehen alle Weihnachtsengel wieder durcheinander im Raum herum. Besonders schön ist es, wenn ihr dazu Weihnachtsmusik laufen lasst und die Spielleitung diese immer wieder stoppt, wenn ihr euch begrüßen sollt.

# 17. Ein echt moderner Weihnachtsmann

„Hatschi!"

Rudi, das Rentier des Weihnachtsmanns, steht mit hängendem Kopf im Stall. Es ist der Tag vor Heiligabend. Und Rudi hat eine ganz rote Nase.

„Oje, du bist erkältet", stellt der Weihnachtsmann besorgt fest. Er streicht Rudi über die Stirn. „Fieber hast du auch. Da kannst du auf keinen Fall meinen Schlitten ziehen."

Der Weihnachtmann legt Rudi vorsichtig eine Decke über den Rücken. Dann kratzt er sich unter seinem Bart am Kinn.

„Was mache ich denn jetzt? Den Schlitten kann ich unmöglich selbst ziehen", grübelt er.

„Krrkrr", krächzt Rudi.

Ihm fällt wohl auch nichts ein.

Der Weihnachtsmann stapft aus dem Stall und schiebt das Tor des Schuppens auf. Dort steht der Schlitten und daneben türmen sich Berge von Geschenken. Die müssen alle verteilt werden.

„Langsam werde ich zu alt für diesen Job", murmelt der Weihnachtsmann und seufzt laut.

Er legt beide Hände an seinen Rücken. Der tut ihm schon seit Tagen weh. Die Geschenke müssen noch aufgeladen werden. Aber das hat ja gar keinen Sinn, wenn niemand den Schlitten ziehen kann.

## 17. Ein echt moderner Weihnachtsmann

„Jetzt muss ich mich erst einmal um Rudi kümmern“, beschließt der Weihnachtsmann und geht mit hängendem Kopf ins Haus, um seinem Rentier Salbeitee aufzubrühen.
Der hilft immer. Das weiß der Weihnachtsmann aus eigener Erfahrung.
„Bis morgen bist du ja vielleicht wieder gesund“, meint der Weihnachtsmann tröstend, als er Rudi den Tee vorsichtig einflößt.

Doch leider hat sich der Weihnachtsmann da getäuscht. Als er am nächsten Tag nach Rudi sieht, ist zu dem Niesen noch ein bollernder Husten dazugekommen. Der Weihnachtsmann schüttelt besorgt den Kopf.
„Du bleibst heute im Stall. Ich werde die Geschenke allein ausliefern“, meint der Weihnachtsmann.
Er versucht, zuversichtlich zu klingen. Auch wenn ihm das schwerfällt. Denn eine Idee, wie er das allein schaffen soll, hat er immer noch nicht.
„Aber es muss eine Lösung geben. Immerhin ist Weihnachten“, brummt der Weihnachtsmann und schlurft zum Schuppen hinüber.
Er lässt seinen Blick über all die vielen Geschenke schweifen. Plötzlich entdeckt er, dass in der hinteren Ecke des Schuppens ein paar nicht eingepackte Dinge stehen.
„Ach ja, die falschen Lieferungen. Die muss ich auch noch zurückschicken.“ Der Weihnachtsmann schiebt sich an den Paketen vorbei und begutachtet die Sachen, um die er sich noch kümmern muss. Dann schlägt er die Hand an seine Stirn.
„Das ist es! Die Lösung!“
In der Ecke steht ein nagelneues E-Bike. Und daneben ein großer Fahrradanhänger.
„Damit werde ich dieses Jahr die Geschenke verteilen. Moderne Menschen fahren heutzutage ja alle E-Bike“, ruft der Weihnachtsmann begeistert. Gut, er ist schon Jahre nicht mehr Rad gefahren. Aber so etwas verlernt man ja nicht. Jetzt wird der Weihnachtsmann erst einmal Rudi über seine Idee informieren. Und dann muss er ein paar Proberunden drehen. Schließlich will er, dass die Geschenke heute Abend auch heil ankommen. Weihnachten ist gerettet!

# 17. Ein echt moderner Weihnachtsmann

## FRAGEN ZUM NACH- UND WEITERDENKEN

- Welches Problem hat der Weihnachtsmann?
- Was unternimmt der Weihnachtsmann, damit Rentier Rudi schnell wieder gesund wird?
- Am Ende findet der Weihnachtsmann eine Lösung für sein Problem. Fällt dir noch eine andere Lösung ein?

## MINI-AKTION „GEMEINSAM AUFSTEHEN"

Der Weihnachtsmann in der Geschichte muss sich für sein Problem etwas einfallen lassen. Das könnt ihr mit diesem Geschicklichkeitsspiel auch ausprobieren.
Setzt euch in zwei Reihen auf den Boden. Dabei setzt ihr euch mit einem Kind Rücken an Rücken. Eure Arme könnt ihr verhaken. Auf Kommando stehen beide Reihen gleichzeitig auf, ohne mit den Armen den Boden zu berühren. Schafft ihr es, gemeinsam nach oben zu kommen?

# 18. Greta freut sich

Endlich! Heute war der Tag, auf den sich Greta schon das ganze Jahr über gefreut hatte. Heute war Heiligabend. Obwohl natürlich keine Schule war und sie eigentlich nicht früh aufstehen musste, schlüpfte Greta schon um sechs Uhr morgens aus dem Bett. Mama war noch nicht wach. Aber das machte Greta nichts aus. Sie schlich in die Küche und holte schon mal die Teller für das Frühstück aus dem Schrank. Leider klapperte sie beim Tischdecken so laut mit dem Geschirr, dass Mama kurz darauf gähnend in die Küche geschlurft kam.
„Du kannst es wohl kaum erwarten", murmelte sie verschlafen und ließ sich auf einen Küchenstuhl fallen.
Greta nickte. Stimmt, sie konnte es kaum erwarten!
„Ich freu mich so!", rief sie und trippelte vor Mama hin und her.
„Na klar. Du willst endlich Geschenke haben, stimmt's?", lachte Mama.
Aber Greta schüttelte den Kopf.

Nach dem Frühstück half sie Mama, in der Wohnung Ordnung zu machen.
Dann klingelte es an der Tür.
„Ich mach auf!", sagte Greta und rannte zur Tür.
Sie wusste genau, wer davorstand.

## 18. Greta freut sich

„Papa!“, rief Greta und fiel ihrem Vater um den Hals.
„Hallo, meine Große.“
Papa gab Greta einen Kuss und ging zu Mama in die Küche. Zufrieden sah Greta ihm nach. Papa wohnte nicht bei ihnen. Aber Weihnachten verbrachte er trotzdem jedes Jahr mit ihr und Mama. Als Greta in die Küche kam, grinste Papa sie an.
„Na, freust du dich?“
Greta nickte wild. Und wie!
„Vor allem auf die Geschenke, oder?“, fragte Papa und wuschelte Greta durch die Haare.
Greta schüttelte den Kopf.

Nach dem Mittagessen legten Greta und Papa Plätzchen auf einen Teller. Dann schmückten sie alle gemeinsam den Weihnachtsbaum im Wohnzimmer. Als es wieder an der Wohnungstür klingelte, flitzte Greta los, um zu öffnen.
„Oma! Opa!“, rief sie, noch bevor die Tür ganz offen stand.
Gretas Großeltern lachten. Opa strich Greta über die Wange und Oma sagte wie jedes Mal: „Ach Gottchen, bald bist du so groß wie ich!“

Der Nachmittag verging wie im Flug. Denn Oma, Opa, Papa, Mama und Greta spielten Runde um Runde Gretas Lieblingskartenspiel. Ruckzuck war es Abend. Nachdem Mama warme Würstchen serviert hatte, kniff Oma Greta in den Arm.
„Na, freust du dich?“
Greta nickte.
„Gleich gibt es Geschenke“, lachte Opa.
Da stemmte Greta die Arme in die Seiten.
„Also, ja, das mit den Geschenken ist schön. Aber ich freue mich schon den ganzen Tag über etwas anderes. Weihnachten ist das schönste Fest überhaupt. Aber nicht wegen der Geschenke, sondern weil wir alle zusammen sind. Das sind wir sonst nie. Deshalb freue ich mich!“
Greta sah, wie sich Oma eine Träne von der Wange wischte.
„Kluges Mädchen“, murmelte sie.

## FRAGEN ZUM NACH- UND WEITERDENKEN

- Wann steht Greta auf und was macht sie gleich danach?
- Was glauben die Erwachsenen, worauf sich Greta am Heiligabend am meisten freut?
- Worauf freut sich Greta wirklich am meisten? Warum kommen die Erwachsenen wohl nicht auf diese Idee?

## MINI-AKTION „WEIHNACHTSELFCHEN"

Greta freut sich so sehr darauf, dass an Weihnachten alle zusammen sind. Worauf freust du dich am meisten, wenn du an Weihnachten denkst?
Mach ein Elfchen daraus. Ein Elfchen ist ein Gedicht, das genau aus elf Wörtern und fünf Zeilen besteht. Hier findest du ein Beispiel:

*Weihnachten*
*viele Lichter*
*wärmen die Herzen*
*Ich freu mich schon.*
*Gemütlichkeit*

19.

# Ein besonderer Weihnachtsbaum

Dieses Jahr war die 2c an der Reihe. Und zwar damit, den Weihnachtsbaum in der großen Halle der Schule zu schmücken. Gemeinsam mit ihrer Klassenlehrerin Frau Wieland hatten die Kinder während der letzten Wochen echte Glaskugeln bemalt. Das war ziemlich viel Arbeit gewesen, aber es hatte sich gelohnt.

„Das wird der schönste Weihnachtsbaum überhaupt", freute sich Ella, als sie mit allen anderen aus der Klasse die Halle betrat.

Herr Tehlen, der Hausmeister, hatte eine hohe Tanne neben der Treppe aufgestellt.

„Jetzt seid ihr an der Reihe!", lachte er, als die Kinder sich um den Baum stellten.

„Unten könnt ihr schmücken. Was oben hinsoll, gebt ihr mir. Da muss ich mit der Leiter hoch."

Die Kinder nickten. War ja logisch!

„Wer holt die Kugeln?", fragte Frau Wieland.

Zehn Kinder hoben gleichzeitig ihre Finger. Frau Wieland bestimmte, wer gehen durfte.

# 19. Ein besonderer Weihnachtsbaum

„Ella, Samira und Jonas. Ihr wisst ja, wo wir die Kugeln im Kunstraum hingestellt haben, oder?"
Ella nickte und lief los. Samira und Jonas folgten ihr. Aber als sie im Kunstraum ankamen, war von den Kugeln keine Spur.
„Sie standen doch genau hier im Regal, oder nicht?", Samira deutete auf das Regal direkt neben der Tür.
Ella und Jonas nickten. Die drei suchten verzweifelt im ganzen Kunstraum – die Kugeln waren nicht mehr aufzufinden.
Als sie zurückliefen, um Frau Wieland davon zu erzählen, beteiligte sich natürlich auch die Lehrerin gemeinsam mit allen anderen Kindern aus der 2c an der Suche. Aber die Kugeln blieben verschwunden.
„Bestimmt hat sie jemand geklaut!", rief Jonas wütend.
„Na, na, na", meinte Frau Wieland, „mit solchen Unterstellungen sollten wir lieber vorsichtig sein. Die Kugeln sind jedenfalls weg und Zeit, um neue Kugeln zu bemalen, haben wir jetzt auch nicht mehr."
Ella traten Tränen in die Augen.
„Und was wird jetzt aus unserem Weihnachtsbaum?", schluchzte sie.
„Hilft nichts. Wir müssen uns eine Lösung einfallen lassen", meinte Frau Wieland entschlossen.
Während jetzt alle Kinder wild durcheinanderredeten, ließ Ella immer noch den Kopf hängen. Sie musste immer wieder an die schönen Glaskugeln denken und daran, dass der Baum nun vielleicht ungeschmückt bleiben musste. Dabei sollte er doch besonders schön werden! Mit glänzendem, funkelndem Schmuck behängt. Plötzlich kam Ella ein Gedanke.
„Frau Wieland! Ich glaube, ich habe eine Idee!", rief sie.
Die Lehrerin hörte aufmerksam zu, was Ella sich überlegt hatte. Dann winkte sie alle Kinder heran. Ella erklärte, was sie tun könnten. Und alle waren einverstanden.

Am nächsten Tag versammelte sich die Klasse erneut in der Halle um den Tannenbaum. Jedes der Kinder hatte etwas von zu Hause mitgebracht. Zwar keinen Weihnachtsschmuck, weil den die Familien an Heiligabend selbst brauchten. Aber andere Dinge. Solche, die glänzten und funkelten. Damit schmückten sie den Baum. Eine Stunde später hingen Teesiebe,

# 19. Ein besonderer Weihnachtsbaum

Gabeln, Schneebesen, Kochlöffel und sogar eine Kuchenschaufel an den Zweigen.
„Na, das ist mal ein etwas anderer Weihnachtsbaum“, lachte Herr Tehlen.
Frau Wieland begutachtete den Baum zufrieden. Und Ella klatschte begeistert in die Hände.
„Ich finde, das ist der schönste Weihnachtsbaum überhaupt. Und an diesen Baum der 2c werden sich sicherlich alle noch lange erinnern.“

## FRAGEN ZUM NACH- UND WEITERDENKEN

- Was passiert, als Ella und die anderen die Weihnachtskugeln aus dem Kunstraum holen wollen?
- Welche Idee hat Ella, um den Weihnachtsbaum doch noch zu schmücken?
- Welcher Schmuck hängt bei dir zu Hause am Weihnachtsbaum?

## MINI-AKTION „WAS FEHLT?"

Am Weihnachtsbaum der Klasse 2c hängen am Schluss glänzende Dinge, die aber eigentlich gar nicht zu Weihnachten gehören. Sucht in eurem Klassenzimmer nach Dingen, die schon zu Weihnachten passen, z. B. Sterne, Kerzen, Zapfen usw.
Legt alle Weihnachtsdinge auf den Boden und betrachtet sie genau. Ein Kind verlässt das Klassenzimmer. Jetzt nehmen die anderen Kinder einen der Gegenstände weg. Dann wird das Kind wieder hereingerufen. Welcher Weihnachtsgegenstand fehlt? Kann das Kind es erraten? Dann wird ein anderes Kind vor die Tür geschickt und ihr spielt eine neue Runde.

# Das gerettete Weihnachtsbild

„Finn, denkst du daran, das Papier rauszubringen?", rief Mama vom Flur nach oben.
„Ja, ja. Mach ich später!", murmelte Finn.
Dann beugte er sich wieder über sein Blatt Papier. Er war gerade dabei, für Opa ein supertolles Weihnachtsbild zu malen. Das wollte er ihm schenken. Mit Wasserfarben pinselte er einen Winterwald auf das Blatt. Der Wald sah so aus wie der, in dem Opa so gerne spazieren ging. Finn freute sich schon auf Opas Blick, wenn er das Bild an Weihnachten auseinanderfalten würde.
„Das wird das beste Weihnachtsgeschenk überhaupt", sagte Finn zu sich selbst, während er einen neuen Grünton mischte.
Eine halbe Stunde später rief Mama ihn zum Mittagessen. Finn betrachtete das Bild für Opa. Zufrieden legte er es auf den Boden zum Trocknen. Dort lagen schon einige Blätter, auf denen er erste Entwürfe gemacht hatte. Das fertige Bild war mit Abstand das schönste! Schnell lief Finn nach unten. Mama hatte versprochen, Kartoffelbrei zu kochen. Und den liebte Finn. Eine Stärkung nach der Malaktion war jetzt genau das Richtige.

Nach dem Essen rief Amir an. Er fragte, ob Finn Lust hätte, gemeinsam etwas zu spielen. Klar hatte Finn Lust!
„Bevor du zu Amir gehst, musst du aber noch das Papier raus in die Papiertonne bringen", meinte Mama.

## 20. Das gerettete Weihnachtsbild

Finn nickte zwar. Aber er hatte gar nicht richtig hingehört. Stattdessen überlegte er, ob er seine Autokarten mit zu Amir nehmen sollte. Er flitzte ins Zimmer, stopfte das Kartenspiel in seine Hosentasche und machte sich auf den Weg zu seinem Freund.

Der Nachmittag bei Amir war toll. Und die Zeit verging wie im Flug. Die beiden spielten stundenlang. Bis Amirs Mutter Finn am späten Nachmittag schließlich nach Hause schickte. Gut gelaunt, betrat Finn die Wohnung und ging sofort in sein Zimmer. Er wollte nachsehen, ob das Weihnachtsbild für Opa schon trocken war. Finn öffnete die Tür zum Kinderzimmer – und erschrak! Der Boden, wo vorhin noch das Bild gelegen hatte, war leer. Nur seine Schultasche stand dort, an den Schreibtisch gelehnt. Aber von den Entwürfen und vom fertigen Bild, das Finn gemalt hatte, fehlte jede Spur.
„Mama!", rief Finn aufgebracht und rannte erst ins Wohnzimmer, dann in die Küche.
„Wo ist mein Bild?", keuchte er, als er Mama endlich fand.
„Welches Bild?", fragte Mama.
„Na, das, das in meinem Zimmer auf dem Boden lag."
Mama runzelte die Stirn. „Ich habe vorhin alles aufgesammelt. Weil doch heute Nachmittag die Papiertonne abgeholt wird. Ich dachte, die Bilder möchtest du wegwerfen, weil sie alle auf dem Boden lagen. Und ich war übrigens ziemlich sauer, weil du vergessen hast, das Papier zur Tonne zu bringen."
„Was?!" Entsetzt starrte Finn seine Mutter an.
Dann rannte er wie der Blitz in den Flur, sprang in seine Stiefel und eilte nach draußen. Am Ende der Straße konnte er das orange Müllauto sehen. Dann war die Tonne also noch nicht geleert worden. Finn hob den Deckel der Papiertonne hoch. Was für ein Glück! Ganz oben lag das Bild für Opa! Finn stellte sich auf die Zehenspitzen, streckte die Arme aus und angelte nach dem Papier. Mit etwas Mühe konnte er es aus der Tonne fischen – genau in dem Augenblick, als neben Finn das Müllauto rumpelnd zum Stehen kam. Uff, gerade so geschafft! Als Finn mit dem geretteten Bild zurück ins Haus ging, nahm er sich fest vor, ab jetzt wirklich immer daran zu denken, den Papiermüll rauszubringen.

## FRAGEN ZUM NACH- UND WEITERDENKEN

- Was malt Finn und für wen?
- Finn hat den ganzen Tag viel zu tun. Was macht er in der Geschichte nacheinander?
- Finn soll das Papier rausbringen. Welche Aufgaben hast du zu Hause?

## MINI-AKTION „SCHNEEFLOCKEN SCHNEIDEN"

Finn malt für seinen Opa als Weihnachtsgeschenk ein Wasserfarbenbild. Wie wäre es, wenn ihr schöne Schneeflocken schneidet, die ihr verschenken könnt?

Dafür braucht ihr ein quadratisches Blatt Papier, am besten in Weiß. Faltet das Papier erst zu einem Rechteck, dann zu einem kleinen Quadrat. Dann faltet ihr es diagonal – die geschlossenen Kanten aufeinander. An den Stellen, an denen mehrere Seiten aufeinanderliegen, könnt ihr mit einer Schere Dreiecke oder Halbkreise herausschneiden. Dann faltet ihr das Papier wieder auseinander. Jetzt sind Schneeflocken mit schönen Scherenschnitt-Mustern entstanden.

# 21. Karla ist ein echtes Christkind

Eigentlich ist für Karla Weihnachten immer doppelt schön. Denn Heiligabend bedeutet für sie jedes Jahr zwei Geburtstage: den von Jesus und ihren eigenen. Karla ist nämlich am 24. Dezember geboren. Sie kann gar nicht genug davon bekommen, sich von Mama erzählen zu lassen, wie das bei ihrer Geburt war. Dazu kuschelt sie sich auf Mamas Schoß und lehnt den Kopf an ihre Schulter. Sie kennt zwar die Geschichte in- und auswendig. Aber sie hört jedes Mal ganz genau zu, wenn Mama erzählt:
„Und als du dann geboren warst, haben die Kirchenglocken geläutet. Weil gerade die Weihnachtsmesse begonnen hat. Und die Ärztin hat dir über den Kopf gestreichelt und dich ‚das kleine Weihnachtswunder' genannt."
Doch obwohl Karla sozusagen ein echtes Christkind ist, gibt es auch etwas, das ihr ganz und gar nicht gefällt: Eine Geburtstagsparty konnte sie noch nie geben. Denn an Heiligabend sind alle mit ihren Familien damit beschäftigt, Weihnachten zu feiern. Und natürlich feiert Karlas Familie auch mit Christbaum und Weihnachtsgeschenken. Und vorher gibt es am Nachmittag immer schon ein kleines Geburtstagsgeschenk für Karla. Natürlich freut sie sich dann darüber. Aber über eine echte Geburtstagsfeier würde sie sich noch mehr freuen.

„Mama, kann ich dieses Jahr endlich mal jemanden zu meinem Geburtstag einladen?", fragt Karla eine Woche vor Weihnachten.

„Du weißt doch, dass das schwierig ist", antwortet Mama, wie Karla es ja erwartet hatte.
Doch diesmal hat sie sich vorher schon genau überlegt, wie sie sich ihre Geburtstagsfeier vorstellt.
„Wir machen das so: Morgens kommen meine Freunde zu mir. Wir frühstücken gemeinsam. Lauter Dinge, die gar nicht weihnachtlich sind. Obstsalat, Schokobananen und Hotdogs. Dann spielen wir. Und mittags, bevor alle nach Hause gehen, schmücken wir gemeinsam unsere Wohnung mit Weihnachtsdingen. Ab dann ist Heiligabend."
Karlas Mutter staunt.
„Das hast du dir ja wirklich gut überlegt", meint sie. „Na gut. Du hast mich überzeugt. Dann bekommst du dieses Jahr deine Geburtstagsfeier."
Karla jubelt. Sie läuft in ihr Zimmer und beginnt, Einladungskarten zu basteln. Leonie, Aisha und Julian will sie unbedingt einladen. Vielleicht auch Ben. Kurze Zeit später hat Karla vier Karten fertig. Die Einladungskarten sehen kein bisschen weihnachtlich aus. Sie sind knallbunt mit Luftballons drauf.

Gleich am nächsten Tag verteilt Karla die Einladungen an ihre Freunde.
Die staunen nicht schlecht.
„Echt, du hast an Weihnachten Geburtstag? Das wusste ich ja gar nicht", meint Ben.
„Ich komme bestimmt", sagt Leonie. „Meine Omas und Opas kommen ohnehin erst am Nachmittag und dann schmücken wir auch erst den Baum. Den ganzen Vormittag am 24. Dezember fand ich immer richtig langweilig, weil ich gar nichts zu tun hatte und es gleichzeitig nicht mehr abwarten konnte, dass es endlich losgeht. Und jetzt habe ich auch da etwas, auf das ich mich freuen kann! Das musst du jetzt jedes Jahr machen!"
Julian fällt sofort auf: „Du bist ja ein echtes Christkind."
Karla nickt. Aber dann schüttelt sie den Kopf.
„Vormittags bin ich erst einmal ein Geburtstagskind", meint sie bestimmt.
Und dieses Jahr wird es sicherlich der beste Geburtstag und das beste Weihnachten überhaupt werden!

# 21. Karla ist ein echtes Christkind

## FRAGEN ZUM NACH- UND WEITERDENKEN

- Warum ist Karla ein „echtes Christkind“?
- Wie hat sich Karla ihren Geburtstag vorgestellt?
- An Weihnachten feiern wir den Geburtstag von Jesus. Was ist der Unterschied zwischen deiner Geburtstagsfeier und eurem Weihnachtsfest?

## MINI-AKTION „SPAZIERGANG OHNE SEHEN"

Karla plant für ihre „Nicht-Weihnachts-Geburtstagsfeier“ einige Spiele. Vielleicht auch dieses Spiel, bei dem sich jedes Kind von einem anderen Kind führen lässt, ohne dabei etwas zu sehen: Dazu bildet ihr Paare. Entscheidet euch, welches Kind zuerst die Augen schließt und welches Kind führt. Ihr könnt die Augen auch mit einem Tuch verbinden. Das Kind, das nichts mehr sieht, streckt den Zeigefinger einer Hand nach vorn. Das andere Kind, das führt, berührt den Zeigefinger mit der Fingerspitze seines eigenen Zeigefingers. Nur mit dieser Berührung sind die beiden Kinder in Verbindung. Das sehende Kind geht rückwärts. Jetzt wird das nicht sehende Kind durch den Raum geführt. Dabei achtet das führende Kind, dass das andere nirgends gegen stößt. Nach zwei Minuten werden die Rollen getauscht.

# 22. Drei Nikoläuse für Tante Gerda

Ronja steckte ihre Hand in die Jackentasche. Es klimperte. Gut. Das Geld war noch da. Ronja hatte nämlich etwas ganz Besonderes damit vor. Denn heute hatte Tante Gerda zum Adventstee eingeladen. Und Tante Gerda war Ronjas Lieblingstante. Darum wollte sie ihr eine Freude machen. Sie wusste, dass Tante Gerda Schokolade liebte. Darum hatte Ronja gleich nach den Hausaufgaben ihre Schreibtischschublade geöffnet, in der sie ihr Taschengeld aufbewahrte, und sich einige Münzen geschnappt. Sie hatte Papa schnell in ihre Pläne eingeweiht. Und der hatte ihr erlaubt, zum Supermarkt um die Ecke zu gehen. Jetzt war sie auf dem Weg, um für Tante Gerda einen Schokonikolaus von ihrem eigenen Geld zu kaufen.

Im Supermarkt angekommen, schaute Ronja sich erst einmal überwältigt um. So viele Weihnachtssachen! Direkt am Eingang entdeckte sie Lebkuchen und Spekulatius. Sie lief weiter durch die Gänge, vorbei an weihnachtlichen Backmischungen, zum Beispiel für Vanillekipferl oder Zimtsterne, Adventsgestecken, dicken, roten Kerzen, Lichterketten und vielem mehr.
Dann endlich hatte Ronja das Regal mit den Süßigkeiten gefunden. Dort standen auch die Schokonikoläuse. Lange betrachtete Ronja das Regal.

# 22. Drei Nikoläuse für Tante Gerda

Dort reihten sich ja wirklich unzählig viele verschiedene Nikoläuse aneinander! Welchen sollte sie nehmen? Den großen, der auf der Verpackung so besonders freundlich lachte? Oder den in dem roten Glitzerpapier? Ronja entschied sich schließlich für einen kleinen Nikolaus. Der war nicht so teuer. Da würde auf alle Fälle noch Geld übrig bleiben. An der Kasse bezahlte Ronja den Nikolaus und machte sich wieder auf den Heimweg. Als sie um die nächste Ecke bog, fiel ihr plötzlich etwas ein. Was, wenn in der Schokolade Nüsse waren? Tante Gerda mochte keine Nüsse. Ronja blieb stehen und zupfte die Verpackung am Kopf des Nikolauses beiseite. Sie konnte nichts erkennen. Aber sicher ist sicher! Also biss sie hinein. Lecker! Und nein, es waren keine Nüsse in der Schokolade. Ronja sah sich den angebissenen Nikolaus an. Oje, so konnte sie ihn natürlich auf keinen Fall Tante Gerda schenken. Ronja griff in ihre Jackentasche. Dort war immer noch Geld übrig. Gut, dann musste sie einfach einen neuen Nikolaus kaufen. Also kehrte Ronja um. Eine Minute später hatte sie den Supermarkt wieder erreicht. Sie steckte sich die Reste des angebissenen Nikolauses kurzerhand in den Mund. Kauend betrat sie die Einkaufshalle und ging schnurstracks zum Gang mit den Süßigkeiten. Sie hatte noch immer den Geschmack der leckeren Schokolade im Mund, als sie sich wieder an der Kasse anstellte. Ronja bezahlte mit ihrem restlichen Taschengeld den neuen Schokonikolaus und machte sich damit auf den Heimweg. Diesmal musste sie nicht probieren. Sie wusste ja, dass die Schokolade für Tante Gerda genau richtig war. Ronja hielt den Schokonikolaus fest in der Hand.

Als sie daheim den Nikolaus beiseitelegen wollte, um ihre Jacke ausziehen, bemerkte sie es: An Ronjas Händen klebten braune Kleckse. Der Nikolaus sah ganz verbeult aus. Die Schokolade war in ihrer Hand geschmolzen! Das durfte doch nicht wahr sein! Was sollte sie jetzt bloß machen? Für einen weiteren Nikolaus reichte Ronjas Geld nicht mehr. Plötzlich hatte Ronja eine Idee. In ihrem Zimmer stand ein richtig großer Schokonikolaus auf dem Regal. Den hatte sie gestern von Opa geschenkt bekommen.
„Dann schenke ich Tante Gerda eben den“, murmelte Ronja und leckte die geschmolzene Schokolade vom knisternden Nikolaus-Einwickelpapier.

Da kam Papa in den Flur. „Na, hast du für Tante Gerda einen Schokonikolaus gefunden?“, fragte er.
„Sogar drei“, sagte Ronja und huschte schnell ins Bad, um sich die Hände zu waschen.

## Fragen zum Nach- und Weiterdenken

- Womit will Ronja das Geschenk für Tante Gerda bezahlen?
- Warum heißt die Geschichte „Drei Nikoläuse für Tante Gerda“?
- Was hast du schon einmal von deinem Taschengeld gekauft? War das für dich oder hast du es verschenkt?

## Mini-Aktion „Weihnachten riechen“

Schokolade schmeckt gut. Wisst ihr auch, wie sie riecht? An Weihnachten gibt es viele Dinge, die gut riechen.
Nehmt unterschiedliche Zapfen und einige Tannenzweige. Diese gebt ihr langsam im Kreis herum. Jedes Kind ertastet erst den Zweig, die Nadeln und die Zapfen. Dann schnuppert ihr daran. Gebt die Dinge dann weiter. Am Ende sammelt ihr Wörter für den Geruch von Zapfen und Tannennadeln.

# 23. Der genervte Engel

„He, was glotzt du so?"
Mia zuckt zusammen. Wo kam plötzlich die Stimme her? Mia blickt sich im Kinderzimmer um. Da ist niemand! Na gut, dann hat sie sich eben getäuscht. Mia wendet sich wieder dem Adventskalender zu, der an der Wand hängt. Die meisten Türchen sind schon offen. Das bedeutet: Weihnachten ist schon ganz nah. Mia streckt ihre Hand aus. Auf dem Türchen mit der Nummer 23 ist das Bild eines wunderschönen Engels. Vorsichtig streicht Mia über das glitzernde Kleid.
„Finger weg!", ruft da jemand.
Erschrocken zieht Mia ihre Hand zurück und schnappt nach Luft. Wer war das?
„Ständig werde ich angestarrt. Und angegrapscht. Das ist so was von blöd!"
Das kann unmöglich sein! Mia reibt sich mit der Hand über die Augen.
„Bist du das, Engel?", flüstert sie.
„Klar, oder meinst du, hier in deinem Zimmer sind Gespenster?", kommt es aus Richtung Adventskalender.

## 23. Der genervte Engel

Mia schüttelt den Kopf. Dann kneift sie die Augen zusammen und geht ganz nah an den Adventskalender heran.
„Willst du dir an meinem Kleid die Nase putzen? Oder bist du blind?", blafft die Stimme.
Jetzt kann Mia es sehen. Der Mund des Engels auf dem Adventskalendertürchen bewegt sich.
„Du kannst ja sprechen!", ruft Mia.
„Klar. Du doch auch, oder?", brummt der Engel.
„Aber ich habe dich vorher noch nie gehört", meint Mia.
Der Engel schnaubt. „Das kann ich mir schon vorstellen. Ihr Menschen habt ja Blumenkohl in den Ohren. Jedenfalls seid ihr alle ziemlich taub. Ständig quasselt ihr. Oder ihr hört Musik oder seht fern. Da ist ja klar, dass ihr gar nicht richtig zuhören könnt. Ihr seid lauter Doofis."
„Das war jetzt aber ziemlich gemein. Ich dachte immer, Engel wären nett", ruft Mia.
Der Engel verzieht das Gesicht. „Pah! Nett! Immer wird von Engeln erwartet, dass sie nett sind. Mir reicht es einfach. Ich will meine Ruhe haben."
Irgendwie kann Mia den Engel verstehen. Sie findet es auch blöd, wenn Onkel Werner „Lass dich ansehen!" sagt. Und sie dabei an den Schultern fasst und herumdreht. So als wäre sie eine schöne Vase oder so. Sie hätte auch keine Lust, jeden Tag angegafft zu werden.
„Ich habe da so eine Idee", sagt Mia und springt auf.
„Na, da bin ich mal gespannt", hört sie den Engel grummeln.

Eine Minute später kommt Mia mit einem Stück feinen Stoff aus ihrer Bastelkiste, einer Schere und Kleber zurück. Ruckzuck hat sie den Stoff oben über das Türchen 23 geklebt. Jetzt flattert er wie eine Mini-Gardine über den Engel.
„He, das sind ja tolle Aussichten", ruft der Engel. Jetzt klingt er wirklich zufrieden.
„Das kann so bleiben. Jetzt starrt dich niemand mehr an", meint Mia.
„Und ich werde das Türchen nicht öffnen. Dann hast du wirklich deine Ruhe."

## 23. Der genervte Engel

Den restlichen Tag über schielt Mia immer mal wieder zum Adventskalender. Aber dort bleibt es still. Doch Mia ist sich ganz sicher, dass sie sich das alles ganz und gar nicht eingebildet hat.
Dass Mia nun ein Türchen weniger zum Aufmachen hat, ist ihr egal. Die Begegnung mit dem Engel war hundertmal spannender als jede Schokolade, die sie hinter dem Türchen finden würde.

### FRAGEN ZUM NACH- UND WEITERDENKEN

- Wieso ist der Engel, der Mia anspricht, so genervt?
- Mia findet, dass Engel nett sein sollten. Wie stellst du dir einen Engel vor?
- Der Engel mag es nicht, angestarrt zu werden. Was magst du nicht so gerne?

### MINI-AKTION „SCHUTZENGEL VERSCHENKEN"

Eigentlich sind Engel ja meistens nett – und sie haben auch eine richtig tolle Funktion: Sie können Schutzengel sein. Verschenkt heute doch mal einen Schutzengel an jemanden, der vielleicht nicht so gut gelaunt ist. Das heitert ihn auf und macht ein gutes Gefühl.
Dazu nimmt sich jedes Kind ein schönes, kleines Blatt Papier. Darauf malt es einen lächelnden Engel. Faltet den Zettel zusammen. Den Engel könnt ihr jemand anderem geben, in der Klasse tauschen oder einer anderen Person in die Tasche stecken.

# 24. Die Entdeckung im Schnee

Jamil ist noch nicht so lange in Deutschland. Dort, wo er früher gelebt hat, war das Wetter ganz anders als hier. Deshalb war es für Jamil auch ziemlich spannend, dass er dieses Jahr zum ersten Mal in seinem Leben Schnee sehen konnte.
Als Jamil an diesem Nachmittag aus der Schule kommt, türmen sich rechts und links der Straße wieder richtige Schneeberge. Jamil klettert auf einen der Schneehaufen. Mit seinen Stiefeln sinkt er tief ein. Trotzdem steht er jetzt so hoch oben, dass die Umgebung ganz anders aussieht. Jamil lässt seinen Blick umherwandern. Plötzlich entdeckt er etwas Eigenartiges.

Aus dem Schneeberg ein Stück weiter vorne ragt etwas. Das sieht aus der Ferne aus wie ein Stock. Schnell klettert Jamil von seinem Hügel herunter und stapft auf den anderen Schneeberg zu. Was das nur ist? Das Ding im Schnee ist Silber und Schwarz. Ein Metallrohr mit einem schwarzen Gummi rundherum. Jamil greift nach dem Rohr. Erst ruckelt er daran. Aber nichts tut sich. Dann schließt er seine Hand fest um das Rohr. Er zieht mit aller Kraft daran. Aber es steckt zu tief im Schnee.
„Ich muss es ausgraben", murmelt Jamil.
Mit seinen Händen beginnt er, den Schnee wegzuschaufeln. Er buddelt und buddelt. Nach und nach ist mehr von dem verschütteten Ding zu sehen.

## 24. Die Entdeckung im Schnee

Und einige Minuten später kann Jamil es endlich aus dem Schnee ziehen. Was ist denn das? Jamil staunt. Er hat … ein Fahrrad gefunden! Was für ein Glück! Jamil grinst und klopft den Schnee vom Sattel. Er ist noch nie in seinem Leben Fahrrad gefahren. Aber das wird er sicherlich schnell lernen. Auch wenn das jetzt im Winter, wo die Straßen ziemlich rutschig sind, sicherlich nicht einfach wird. Ob das Fahrrad vielleicht jemandem gehören könnte, daran denkt Jamil erst einmal gar nicht. Er ist viel zu glücklich über seinen Fund. Mit klopfendem Herzen steigt Jamil auf das Fahrrad. Gerade will er einen Fuß auf eines der Pedale stellen, da hört er ein Rufen.
„So ein Mist! Wo ist es nur? Das gibt es doch nicht!"
Jamil zuckt mit den Schultern. Er dreht den Lenker im Stand probeweise hin und her. Dann hört er wieder die Stimme.
„Ich habe das Fahrrad gestern hier abgestellt! Wo ist es denn jetzt bloß? Oh Mann!"
Da sucht jemand ein Fahrrad. Und Jamil hat eines gefunden. Das kann nur bedeuten … Den Gedanken will Jamil gar nicht zu Ende denken. Er streicht über die glänzende Klingel. Irgendwie fühlt sich Jamil auf dem Fahrradsattel plötzlich gar nicht mehr wohl. Langsam steigt er ab.

„Hallo! Ich habe ein Fahrrad gefunden!", ruft er in Richtung der Stimme.
Da taucht um die Ecke ein Junge auf.
„Das ist ja mein Fahrrad! Wo hast du es denn gefunden?", fragt der Junge erfreut.
Jamil erzählt von seiner Entdeckung unter dem Schneeberg.
„Ist ja toll, dass du es gefunden hast", freut sich der Junge. „Ich habe das Fahrrad letztes Jahr zu Weihnachten bekommen. Gestern habe ich es kurz hier abgestellt, weil ich mich mit einem Freund getroffen habe, der hier in der Nähe wohnt. Aber dann hat es so sehr angefangen, zu schneien, dass mein Papa mich später mit dem Auto abgeholt hat. Und als ich das Fahrrad jetzt gesucht habe, lag überall nur Schnee."
Der Junge grinst Jamil an. „Zum Glück hast du es ausgegraben! Ach ja, ich bin übrigens Leon."

Auch Jamil stellt sich vor. Und er gibt zu, dass er gar nicht Fahrrad fahren kann.
„Echt? Hast du dann auch selbst gar kein Rad?", will Leon wissen.
Jamil schüttelt den Kopf. Plötzlich klopft Leon ihm auf die Schulter.
„Hey, ich hab eine Idee. Du hast einen Finderlohn verdient. Und ich weiß auch schon, welchen. Ich bringe dir das Fahrradfahren bei. Du kannst dir mein Rad manchmal ausleihen."
Jamil strahlt. Aber dann meint er: „Damit warten wir lieber, bis der Schnee weg ist."
Leon lacht. „Gut. Aber wir könnten doch gleich etwas miteinander machen."
Leon kratzt sich am Kopf und überlegt. „Was hältst du davon, wenn wir zusammen einen Schneemann bauen?", schlägt er vor.
Eine wirklich gute Idee, findet Jamil!

## FRAGEN ZUM NACH- UND WEITERDENKEN

- Warum hat Jamil dieses Jahr zum ersten Mal in seinem Leben Schnee gesehen?
- Aus dem Schneeberg ragt ein Rohr heraus. Welches Teil des Fahrrades, das Jamil gefunden hat, ist das wohl?
- Leon verspricht Jamil einen „Finderlohn". Was meint er damit und was hat er sich dafür überlegt?
- Hast du schon einmal etwas gefunden? Was hast du damit gemacht?

## MINI-AKTION „WEIHNACHTSDINGE SUCHEN"

Jamil hat ein Fahrrad gefunden. Findet ihr Weihnachtsgegenstände im Klassenzimmer?
Legt fünf Weihnachtsdinge bereit, z. B. einen Strohstern, ein Glöckchen, eine Kerze, einen Tannenzweig und eine Walnuss. Dann schreibt ihr jedes Weihnachtsding auf Zettel. Pro Begriff gibt es mehrere Zettel. Jedes Kind zieht einen Zettel. Alle Kinder schließen die Augen. Ein Kind versteckt alle Gegenstände. Dann öffnen die Kinder die Augen wieder. Nun müssen sie den Gegenstand, der auf ihrem Zettel steht, suchen. Ein Weihnachtsgegenstand wird also immer von mehreren Kindern gleichzeitig gesucht. Wer hat welchen Gegenstand zuerst entdeckt? Sind alle Gegenstände entdeckt, könnt ihr noch eine Runde spielen. Die Zettel werden neu verteilt. Nun ist ein anderes Kind mit Verstecken an der Reihe.